高校教育管理与教学质量管理模式研究

王虹红　王　静　梁玉莹◎著

图书在版编目(CIP)数据

高校教育管理与教学质量管理模式研究/王虹红，王静，梁玉莹著.—重庆：重庆出版社，2023.7
ISBN 978-7-229-17777-5

Ⅰ.①高… Ⅱ.①王… ②王… ③梁… Ⅲ.①高等学校－教育管理－研究②高等学校－教学质量－质量管理体系－研究－中国 Ⅳ.①G640②G642.0

中国国家版本馆CIP数据核字(2023)第118450号

高校教育管理与教学质量管理模式研究
GAOXIAO JIAOYU GUANLI YU JIAOXUE ZHILIANG GUANLI MOSHI YANJIU
王虹红　王　静　梁玉莹　著

责任编辑：钟丽娟
责任校对：郑　葱

重庆出版集团
重庆出版社　出版

重庆市南岸区南滨路162号1幢　邮编：400061　http://www.cqph.com
北京四海锦诚印刷技术有限公司印刷
重庆出版集团图书发行有限公司发行
E-MAIL:fxchu@cqph.com　邮购电话:023-61520646
全国新华书店经销

开本：787mm×1092mm　1/16　印张：8.75　字数：190千
2025年1月第1版　2025年1月第1次印刷
ISBN 978-7-229-17777-5

定价:68.00元

如有印装质量问题，请向本集团图书发行有限公司调换：023-61520678

版权所有　侵权必究

前言

随着知识经济时代的发展，我国市场经济建设对人才需求大量增加，这不仅为高校的发展带来新的契机，也对人才培养质量提出了更高要求。由此可见，在高校发展中的教学质量、师资、经费管理等教育质量问题就显得较为重要。因此，高等学校要转变观念，将学生创新能力的发展置于高校教育教学目标的核心地位，以利于高校培养目标的实现。同时，由于近年来全面质量管理理论逐渐被引入教学质量管理领域，为高校教学质量管理提供了新的视角和新的方法，对于高校教育管理具有重要的现实意义。

鉴于此，笔者撰写了《高校教育管理与教学质量管理模式研究》一书，在内容编排上共设置四章：第一章作为本书论述的基础和前提，主要阐释高校教育管理的内涵与特点、高校教育管理的理念与原则、高校教育管理改革与重要价值；第二章分析高校学生教育管理工作、高校行政教育管理工作、高校教育队伍管理工作；第三、四章围绕高校教育中的教学质量管理、高校教育教学质量管理模式的实践进行研究。

全书结构科学、论述清晰，力求达到理论与实践相结合，让读者在学习基本方法和理论的同时，逐步确定比较合理且具有可持续发展理念的教学质量管理制度，从而为高校质量管理模式的升级和更新奠定坚实的基础，进而不断改善学校的教学质量。

本书在撰写时参考了很多相关专家的研究文献，也得到了许多专家和老师的帮助，在此真诚地表示感谢。虽然在成书过程中，作者翻阅了无数资料，进行了多次修改与校验，但限于作者水平，书中难免会有疏漏，恳请广大读者批评指正。

目录

前　言 ·· 1

第一章　高校教育管理的理论审视 ·· 1

第一节　高校教育管理的内涵与特点 ·· 1

第二节　高校教育管理的理念与原则 ··· 35

第三节　高校教育管理改革与重要价值 ·· 45

第二章　高校教育管理工作的多元化 ·· 56

第一节　高校学生教育管理工作 ·· 56

第二节　高校行政教育管理工作 ·· 63

第三节　高校教育队伍管理工作 ·· 84

第三章　高校教育中的教学质量管理 ·· 101

第一节　高校教学质量管理概述 ·· 101

第二节　高校教育中教学质量评估体系 ·· 105

第三节　高校教育中教学质量的监控管理 ··· 111

第四章 高校教育教学质量管理模式的实践研究 ………… 119

第一节 高校教育教学全面质量管理运行模式 ……………… 119

第二节 高校教育中新型教学质量管理模式的构建策略 …… 120

第三节 高校教育中开放式教学质量管理模式及其保障 …… 124

参考文献 …………………………………………………………… 131

第一章 高校教育管理的理论审视

第一节 高校教育管理的内涵与特点

一、高校教育管理的内涵

(一) 教育的认知

1. 教育的目的

(1) 教育目的的类型。从不同的角度分析教育目的[①],至少存在以下类型:

第一,从教育目的的实现与否来看,可以分为理想的教育目的和实际的教育目的。理想的教育目的通常由一些研究组织、学术团体和思想家提出,回答的是"应该培养怎样的人"的问题,属于一种教育目的的理想。例如,卢梭的"自然人"、康德的"一切能力的和谐发展"、斯宾塞的"完美生活准备"、涂尔干的"社会人",等等。一般而言,理想的教育目的与实际的教育目的并不统一,理想的教育目的并不一定就是实际的教育目的,二者通常差异较大,甚至可能出现对立。

第二,从教育目的的制定者而言,可以分为国家、政府或者社会团体提出的教育目的,以及个人的教育目的。国家、政府、社会团体提出的教育目的通常具有较大的约束力,并在相应的教育实践活动中予以实施。而个人的教育目的在多数情况下并不一定转化为国家、政府的教育目的,也不一定能够影响教育实践活动。

第三,从教育目的的表现形式上来看,可以分为外显的教育目的和内隐的教育目的。外显的教育目的通常是正式的教育目的、成文的教育目的,即由国家权力机关或立法机关以法令、法规、条例等形式颁布的教育目的。内隐的教育目的是未成文的教育目的,是表

[①] 教育目的是把受教育者培养成为一定社会需要的人的总要求。教育目的是根据一定社会的政治、经济、生产、文化科学技术发展的要求和受教育者身心发展的状况确定的。它反映了一定社会对受教育者的要求,是教育工作的出发点和最终目标,也是确定教育内容、选择教育方法、检查和评价教育效果的根据。

述出来的"缄默"的教育目的。二者在一定程度上是不统一的。

第四，从教育目的的承载者来看，可以分为教师的教育目的、学生的教育目的、校长的教育目的、家长的教育目的、政府的教育目的、社区的教育目的，这些类型的教育目的有些并不一致，甚至差异悬殊。例如，对素质教育中"素质"的理解，有人可能强调系统知识的获得，有人可能更重视能力的发展，也有人强调完整人格的培养；有人可能强调外置的知识文化素质，也有人可能重视内在的自我发展的素质。

对于教育者而言，区分不同类型的教育目的，核心的问题不是类型本身，而是必须意识到，在教育实践活动中，要有效实现教育目的，就必须考虑不同类型的教育目的的存在，在重视外显的教育目的、成文的教育目的、政府的教育目的、理想的教育目的的同时，关注内隐的教育目的、学生的教育目的、家庭的教育目的、现实的教育目的，尽可能地对不同类型的教育目的予以统筹安排。

（2）教育目的的特征。

第一，良好的教育目的应该与社会所要求的人才培养规格密切相连毋庸置疑，教育目的具有社会制约性，这种制约性主要体现在社会的政治、经济、文化与科学技术等方面对教育目的的制约，特别是对人才培养规格上的制约。不同社会发展阶段，对人的素质要求不同。因此，在教育目的的确立上，不仅要考虑社会政治、经济等方面对教育的一般要求，还必须考虑一定社会发展阶段对人才培养规格的要求，并在此基础上对相关问题进行系统思考。

第二，教育目的必须与具体的教育情境相联系。尽管教育目的是一般的、抽象的，但是也不能脱离具体的教育情境。教育目的的确立不仅要考虑到社会发展的需要，从社会的需要出发，从受教育者的身心发展需要出发，还必须分析教育的实际情况，根据教育实际状况制定教育目的。只有这样，确立的教育目的才不会脱离教育实际，才能够指导教育实践活动，并具有在教育实践活动中接受检验的可能性。

（3）教育目的的功能。不同主体在进行教育活动时，之所以首先要确立教育目的，其原因主要在于教育目的具有规范、制约教育过程和教育效果的功能。

第一，导向功能。教育目的是教育活动的依据，它支配和指导着整个教育过程，规定着教育内容、教育手段、教育方法的选择，并为教育活动的组织和实施起定向作用。教育是一种有目的的活动，这种目的在总体上就表现为教育目的，在具体的教育活动中则表现为教育者的行动目标。如果教育目的不正确，或者虽然有正确的教育目的但不能用它来指导教育实践，那么，教育活动就会偏离正确的方向，达不到应追求的目标。因此，教育目的是一切教育活动的出发点，是保证正确办学方向的根本依据。同时，教育目的和教育目标也是教育对象自我努力的方向，是教育者和受教育者双边活动协调和统一的基础。

第二,选择功能。一方面,人类社会发展至今,可供学生学习的人类知识经验、文化成果极其丰富,需要培养的技能技巧多种多样,需要培养的能力方方面面。有了明确的教育目的,就决定了选取教育内容的标准,以及选取内容的范围和程度。另一方面,有了明确的教育目的,便可以依据教育目的选择相应的教育途径、教育形式、教育手段和教育方法,以保证教育活动有统一的教育目标和步调,统一的衡量教育结果的标准和指标。

第三,协调功能。教育目的不仅从整体上指引教育活动的方向,而且在实际教育活动中发挥着控制和协调的功能。一方面,有了明确的教育目的,才能将教育计划、教育内容、教育手段、教育方法等环节有机地整合起来,进而实现教育目的;另一方面,在实际的教育活动中,诸多因素对其产生影响,有了明确的教育目的,才能有效地协调这些教育影响,才能使学校、家庭、社会围绕教育目的的实现发挥积极作用,共筑教育合力。

第四,评价功能。教育目的具有评价功能,教育质量评价标准和指标的确立必须以教育目的为根本依据。教育目的在实施前是教育活动的理想追求,对教育活动有导向作用。在实施过程中,教育目的具有不断纠偏的作用。在实施后,教育目的发挥着评价教育结果的作用。同时,教育目的只有具体体现在学校教育的各个评价指标体系中,才能切实发挥其导向与协调的功能。

2. 教育的主体

(1) 教师。

第一,教师的角色解读。教育以学生为本,办学以教师为本。教师是完成教育任务和实现学校职能的主要承担者,是学校的第一资源,是学校最宝贵的财富,是学校生存和发展的根本。好的学校,必须以好的教师为支撑。现今,教师作为学校的主导力量,是提高教育质量的决定因素。建设高水平的学校,提供高水平的教学、科研服务,离不开有一支师德高尚、业务精湛、结构合理、充满活力的高素质专业化教师队伍。

一是教师角色的定位(表1-1)。

表1-1 教师角色的定位

类别	内容
由知识的传授者转变为学生学习的引导者	学校刚成立的时候是以教学为主的,教学中的主要角色是教育者,教师主要负责的是为学生传授知识。但是,随着教育的变化,教师除了继续向学生讲解知识,也要关注学生的成长、学生的心理发展。

续表

类别	内容
由知识的传授者转变为学生学习的引导者	教师要成为学生学习路上的指引者。教师除了讲解知识，还要让学生掌握正确的学习方法，让学生主动获取知识，敢于质疑、敢于思考，让学生习惯使用自己的思维去理解知识，对知识进行创新。当下是互联网时代，学生可以从更多的途径获取知识，一般情况下，借助于网络平台学生可以进行自主学习。但是，如果知识比较复杂，涉及系统化的知识或知识创新，那么学生还需要借助于教师的引导，在这样的情况下，教师需要学习运用现代技术方法，以帮助学生不断地探索。创新知识、掌握方法比掌握知识更重要。 教师应该成为学生发展路上的促进者。教师除了向学生传授知识，也要督促学生学习，对学生进行教育方面的管理，给予学生思想上的陪伴。换言之，教师的工作重心不仅仅是教学，还应该注重学生的思想品质方面的提升，尤其是在互联网时代下，教师更应该注重学生自身价值和个性的体现，注重学生更好地成长与发展。
从课程的执行者转变为课程的建设者与开发者	教学发挥作用的过程中需要依赖于课程作为载体，课程也是师生进行思想交流互动的基本渠道，课程讲授过程中教师不用完全局限于教材当中的内容，可以对教材内容进行一定的拓展，以此让知识和内容更加适合学生的学习需求以及学生的思维发展。相比于学生之前的学习，课堂更加自由，师生之间可以更加自由更加开放地探讨学习内容，不仅如此，教师也会在课堂上给予学生更多的机会，让他们自由地表达想法。从这一点可以看出教师角色想要转变，还需要借助于课程开发、课程完善，如果教师可以让课程内容与时俱进，那么学生就可以在课堂当中获得更为优质的体验。除此之外，教师提供与时俱进的内容也可以丰富自身见识，提升自身的能力，同时，教师除了承担课程内容传授者的身份，也要变成课程的开发者和建设者，转变自身角色，为学生提供更加优秀的课程内容。
从"教书匠"转变为教育教学的研究者与反思的实践者	在信息技术快速发展的情况下，学习环境变成了数字化的学习环境。环境的变化要求教师转变教学方式，创新教学方式，传统的教学是教师拿着粉笔站在讲台上奋笔疾书向学生传递知识。但是，现代教师的任务不只是教书，还要通过教学活动推动学生个人发展，想要真正完成这些教学任务，教师必须研究教学，反思自己的教学过程，让课堂更加符合学生的发展需求。教师应该针对重点教学问题展开反思，总结教学问题出现的原因，并且使用科学的教学方法、与时俱进的教学理念，让教学真正发挥促进学生成长的作用。

二是教师角色的转变。教师被誉为人类灵魂的工程师、人类文明的传播者，教师一直承担传播知识思想、塑造学生的时代责任。在人类发展过程中，教师的角色一直是多种多

样的，也一直承担着时代发展的重任。步入学校之后，学生除了学习知识，还要了解人际交往，还要积累生活经验，学生在这些方面的成长依然需要教师作为指引者。所以，教师需要明确自身职责，注重自身经验的积累，在实践过程当中不断地强化自己的育人本领（表1-2）。

表1-2 教师角色的转变

类别	内容
转变思路，更新教育观念	人的行为受到观念的指引，教师使用的教育观念一定会影响自身教育行为，在大数据时代的环境下，教育活动可以使用的方法手段更多，教学过程中也出现了新的挑战、新的考验，这些情况的出现需要教师结合实际教育需要去探索、去创新。所以，当下环境当中，教师必须转变自身的角色定位，主动跟随时代发展，不断地进行教学方面的探索创新，为教学注入新鲜血液。教师在开展教学活动或者投入科研工作的时候，需要明确自身作为教师的社会责任，需要使用适合当下时代发展的教育观念，引导学生，帮助学生成长。 教师更新教育观念的时候要注意大局意识的树立。要承担自身的责任，培养出全面人才，教师必须意识到自己的职责，要意识到自己这个职位的重要性，教师是学校成长路上的重要指导者，教师应该尊重人才培养目标去培养学校，为教育活动的开展投入精力，为学校成长提供精准的教育内容、正确的教育方法。 教师不能把分数至上当作教学观念，必须改变以前唯分数论的教学思想，创新教学方法，致力于培养出身心全面发展的当代学校，只有致力于学生的身心发展，才能培养出德才兼备的学生。
立足自身，提升专业素养	传统教学对教师的专业素质要求相对单一，一般情况下只考虑教师的教学水平和知识储备情况，因此，教师要承担更多的责任，完成更多的任务，人们对他们提出了更高水准的要求。在这种情况下，教师必须注重自身能力和素养的提升，不断地进行自我升华。 教师应该提高自身的知识素养水平。知识素养除了本专业的知识素养，还涉及其他学科的知识素养，换言之，在新的环境下，教师的知识体系必须更加完善，教师必须有终身学习意识，致力于自身能力的全面提升。 教师应该提高信息技术能力，当下的时代是"互联网+"的时代，教育和互联网也进行了更深层次的结合，这要求教师必须掌握信息技术的运用方法，将信息技术应用到教学活动科研活动中。

续表

类别	内容
以生为本，加强师生互动	目前，教师队伍越来越年轻化，年轻教师的加入使得师生之间的距离变得更近，师生之间可以进行更多方面更为充分的互动。在有效的互动当中，教师可以了解学生的真正想法以及学生的人生观价值观，这样教师就可以从学生的角度出发，因材施教，并且利用自身的引导力量培养学生对学习的兴趣，让学生主动积极地参与学习。除此之外，教师还可以渗透到学生的生活当中，和学生进行更多的日常交流，彼此分享对生活的心得体会，教师可以向学生传授更多的人生感悟、人生经验，在这种互动中，二者可以实现共同进步。

三是教师的社会角色。社会角色主要是社会学上的一个概念，包含两个方面的含义：首先，社会角色是一套行为规范，即社会对特定地位的人做出的权利、义务、行为的规定；其次，社会角色是一套行为期待。社会之所以要对特定社会地位的人做出行为模式的规定，就是希望他按照这一行为模式办事。可见，社会角色实际上就是对具有特定身份的人或人群的行为活动的规范和期望，它构成社会群体或组织的基础。教师作为社会的一个特殊群体，具有特定的社会角色。从教师职业变迁来看，原始社会的教师大都由氏族中经验丰富的老年人担任，所谓"长者为师"。在中国，真正意义上教师的前驱是"士"，本来是官府中的最低级官吏。春秋战国的巨大社会变革，使其大量流落到民间，"士"中的一部分，如孔子、墨子、荀子等开创了私人讲学，成为中国历史上第一批职业教师。

第二，教师的专业化。

一是教师的工作特点。20世纪80年代，国际上对于教师专业标准的研究开始成为教师改革和教师发展一个必不可少的部分，并且提出教师的专业崇高性。而教师要从一种"职业"变为一种"专业"，建立科学的教师专业标准是其基本标志。教师属于专业人员，教师就必须符合专业人员的标准，即专业人员必须运用专门的知识与技能，必须经过长期的专门训练，必须具有重服务、轻报酬的观念，必须享有相当的独立自主权，必须有自己的专业团体与明确的职业道德，必须不断地在职进修。特别是教师的工作更有其特殊性，表现在性质上：专业性；对象上：能动性和高层次性；过程上：复杂性、创造性；形式上：个体性与集体性兼有；态度上：个人自觉与职业良心；方法上：时空延续性和不确定性；成果上：模糊性、滞后性和长效性。教师是履行教育教学职责的专业人员，承担教书育人，培养事业建设者和接班人，提高人民素质的使命。

在国际上，主要存在三种关于教师与标准之间的关系模式：①教师专业标准与教师资格无直接关系，代表国家美国，有教师资格并不代表达到教师标准；②教师专业标准与教师资格挂钩，代表国家英国，教师资格是教师专业标准的最低要求；③第三种较为复杂，对于教师专业标准进行了分类和分级,代表国家澳大利亚,分层次对教师专业进行了较为具体的区别,我国的香港特别行政区也采用此标准。无论哪一种关系模式都透露出对于教师专业要求的高标准、严标准的特点,突出了教师专业发展的重要,也表现出了教师工作的复杂性和特殊性。但目前还都缺少专门针对教师的专业标准文本。

二是教师的职业品质。一般而言,教师的职业品质包括四个方面:高尚的职业道德、渊博高深的知识和研究能力、教育家的意识、教育科学研究的能力(表1-3)。

表1-3 教师的职业品质

类别	内容
爱国守法	热爱祖国是每一位教师都要遵守的,教师要按照宪法和法律中的规定自觉维护国家利益,确保校园内部和谐。
敬业	教师应该忠诚对待教育事业,树立职业理想,把培养学生参与科研、服务社会当作自己的职责,在岗位上辛勤奉献,刻苦钻研,与此同时,热爱学生,真诚地关心学生,对所有的学生公平公正,做学生的朋友。
教书育人	教师的基本职责就是教育学生,培养学生形成良好的品德,教师应该注重素质教育的开展,要引导学生知行合一,在教育过程中也要注意因材施教,培养学生的个性,同时关注学生的全面成长,对于学生提出的合理要求应该尽量满足,教师不应该从事对自身工作产生不良影响的兼职工作。
严谨治学	教师应该以严谨的态度对待教学,精益求精,始终把追求真理当作是自己的科研目的,不断地在自己的领域内探索,始终拥有学术良知,实事求是的对待问题,遵守学术规范,保护他人的劳动成果,尊重他人的学术创作,维护学术尊严,始终诚实守信,避免浮躁之气,并且抵制学术作弊行为。
服务社会	教师应该承担自身的社会责任,为国家发展服务,在工作过程中传承优秀的传统文化,为人民提供知识服务,积极参与社会当中的实践活动,承担自己的基本义务,为社会提供与本专业有关的服务支持。
为人师表	教师是世人行为的典范,教师应该志存高远、以身作则,用自己崇高的师德、高尚的个人魅力去感染学生,引导学生成为公平正义之人。教师应该严格遵循社会公德的要求,发挥自身的模范榜样作用,始终举止文明,对自身严格要求,做到清廉自律,不做任何可能有损教师职业声誉的不良行为。

三是教师专业发展。通常而言,教师发展包含各种类型、各种方式的教师能力提升,在这样的情况下,相当于教师要进行终身学习、终身提升。如果从狭义的角度进行理解可以将教师发展理解成对刚开始进入学校工作的教师进行能力方面的培养,让教师尽快完成自身角色的转变,更好地适应这个职业,从学校的角度来讲,对教师进行在职培训、注重教师的发展可以让教师更好地适应学校工作。

青年教师首先要站稳讲台。从20世纪80年代末到90年代初，我国教师队伍开始出现新老交替，许多有着丰富教学经验的老教师相继退出教学第一线，接班的都是一大批刚刚毕业留校任教的青年教师。师资队伍面临青黄不接，青年教师在教学经验还没有准备充分的情况下直接上岗，这在一定程度上影响了教育的质量。

因此，针对新补充到学校的这些青年教师，他们大多具有较高的学历，充满活力。但部分青年教师课堂教学经验不足，师资队伍数量也缺乏。由于教学任务较重，课时较多，青年教师到校后要迅速走上讲台。此外，部分学校对于青年教师的培养是重视的，采取了岗前培训、出国进修、基本功大赛、全员听课、教学团队建设等措施，取得了一定效果。但与青年教师数量迅速增加以及新时期教育教学工作对青年教师的要求相比，尚有较大差距。同时，青年教师本人生活压力很大，易分不清主次。其实，很多刚入职的青年教师虽是博士毕业，但由于一直进行的都是专业课程学习，科研的思维一直占优势，缺少师范类课程的训练。虽然对于专业知识了解透彻，但一上讲台就比较模糊。他们也希望自己能够很快过教学关，把课上好，成为新一代优秀的教师。为此就必须采取一些有效措施促进青年教师首先站稳讲台。

首先，给予青年教师更多教学上的关心和指导。一般而言，新入职教师经验少，教学胆怯，这就需要老教师和领导给予他们更多的关心和帮助。除鼓励青年教师参加进修和培训外，要通过互相听课、评课等形式，共同探讨和研究教学中遇到的问题，寻找解决问题的方法；特别是要从备课抓起，指导青年教师做好教学设计，写好课程实施大纲，选择好教学内容和方法。同时，青年教师在现代化教学媒体和手段的应用方面有优势，可以通过帮助青年教师将现代化教育教学思想与信息技术结合，调动青年教师研究教育教学的积极性。从长远着想，还要通过指导青年教师阅读《教育学》《心理学》等书籍，提高他们的教学理论水平和对教学的反思总结能力，不断改进与完善课堂教学方式。同时，老教师也要处处为青年教师做好表率，积极宣传青年教师的教育教学成绩，关心青年教师的生活，加强交流与切磋，不求全责备，及时消解青年教师可能出现的对教学厌倦和抵触情绪，通过认真、耐心和热情的指导、督促和检查，严格要求，避免走弯路。可见，促进青年教师专业成长，不只是单纯强调教学技能，还要关注教师职业能力的提升，使青年教师获得职业安全稳定与成功。

其次，全面开展"青年教师授课竞赛"活动。青年教师授课竞赛在激励青年教师不断提高教学水平的同时，也让青年教师们更加热爱教育事业。授课竞赛的过程使得自己对教学的每个环节都有了更多的思考，竞赛的结果使得自己对教学更有自信、更有兴趣，对以后的教学工作也是一种鞭策和激励。在竞赛的鞭策、激励和督导下，青年教师会迅速发展和成长，尤其是能促使一部分青年教师很快脱颖而出。事实证明，很多曾经参加过青年教师授课竞赛并获得奖励的青年教师很快就成长为学校教学科研的骨干力量。为此，各学校都普遍举行"青年教师授课竞赛"活动，如今已成为衡量青年教师教学水平的重要标准赛事，参赛对象的职称已不再限于讲师及以下职称，参赛者的参赛目标也已不仅仅在于职称的晋升，还在于使自身的教学水平得到广泛认可和展示。

最后，建立和完善青年教师助教制度。我国有实施青年教师助教制度的悠久传统。虽然青年教师在入职后都要参加系列的岗前培训，但培训往往流于形式，即使有一定的收获和提高，但并不持续，新教师本人对学校的认识，对教学的理解有限，教学能力持久全面提高的机制不完善，因此，推进教学工作的老中青相结合，发扬"传、帮、带"的作用，以加强青年教师的培养。此外，一些学校恢复了青年教师助教制度，由学校指定教学经验丰富的老教师担任其指导老师，形成"师徒制"，强化青年教师的培养与培训，使青年教师学习先进的教学方法，积累教学经验，增强他们教书育人的责任感和使命感，提高教学能力。许多学校还组建了教学团队，实施了新、老教师结伴成长计划，老教师要帮助青年教师尽快站稳讲台，这都是当前提高学校教学质量的有效举措，需要继续坚持下去并不断更新和完善。

正确处理科研和教学之间的关系。学校能够良好发展主要依托于教学工作、科研工作，教师除了日常的教课之外，也要参与科研工作。从理论的角度进行分析，教学和科研是相互促进的关系，但是，无论是教学工作还是科研工作都需要教师付出时间和精力，所以教学和科研有的时候会有冲突。

目前，很多学校教师也无法正确处理教学与科研之间的关系，有的教师将大部分的注意力放在科研方面，对教学工作的开展积极性不高，没有关注教学问题，这导致教学质量受到了影响，甚至存在这样的情况，有一部分教师完全把科研活动看成是自身职称评定的途径，没有关注科研活动本身具有的重大价值和意义，而是想要通过科研研究的方式博得更好的名声，也就是完全为了科研而从事教师这项工作。但是，教学对科学研究的影响是重大的，如果科研脱离了教学，那么科研没有办法向更高的水平提升；如果教学脱离了科研，那么，教师也很难真正向学生传递科学探究过程当中的无限可能性，很难让学生感受到科学探究所带来的巨大创造力。换言之，教学和科研之间的关系应该是相互促进的，学校发展过程中，教学是其基本任务，与此同时，科研活动的开展也是它发展的重要任务，在知识发展过程中，教学一直处于前沿状态，只有了解现代的技术和知识，教师才能真正地提高教学效果。换言之，只有参与科研，教学水平才能真正的提升。在参与科研的过程中，教师也可以从科研研究当中获得教学灵感，如果教师不关注科研，不参与科学研究，那么没有办法及时了解本学科领域内的发展动态，也不会对学科发展产生更深刻的理解，也就没有办法和学生分享自己参与学科研究的领悟体验，没有办法传递给学生参与科研的严谨态度，也不会让学生掌握参与科学研究的基本方法、基本思路。如果没有科学研究的相关工作经验背景，那么上课的过程中教师能做的只是宣读教材当中的内容，没有办法真正培养学生对专业学习的兴趣。

学校的发展离不开科研工作，学校想要教学水平有所提升，那么必须依赖一流的科学研究，科学研究是学校进行创新的根本，学校发展过程中不进行创新就没有办法培养出优秀人才，也没有办法培养出优秀教师。只有成为优秀的研究者，才可能成为优秀的教师，因为只有研究者才有能力引领人们去探求知识的本源，也只有优秀的研究者才具有科学精神，优秀的研究者就是学问的化身，和优秀的研究者进行交流探讨可以发现科学的本质面目，在这样优秀的人的引导之下，学生也会形成科学探究的兴趣。而且只有优秀的研究者才能向别人传授新鲜的知识，普通的教师只能传授课本当中的固化的知识。

除此之外，作为教师，想要提升自身的水平不能仅仅依赖于听课的方式，而是要真正地实践，真正地动手，真正地参与科研。对教师提出科研方面的要求其实为了助力科学发展，也是为了提高教学质量，只有参与科研活动才能获得学问、获得知识，才能创新思想。

教师想要做到教学和科研之间的关系协调，他们需要考虑自身条件，科学地分配自己的精力和时间，教师想要开展科学研究，那么必须先做好基本的教学工作，在此基础上去搞科研项目，去提升学校的教学质量、教学水平。正确的做法是同时进行教学和研究，让教学成为研究的指导，让研究成为教学的实践，教师可以利用科学研究的方式了解学科的发展动态，了解社会对人才的最新需求，在了解的基础上，才能为学生做出正确的指引。如果缺失了科学研究，那么教师只能变成熟悉理论知识的职业教书匠，没有办法为本领域的发展做出贡献。对于年轻教师来讲，正确看待科研和教学之间的关系是尤为重要的，只有有了正确的认识，才能做出正确的行为。教学工作、科研工作的开展都要求教师投入精力、投入时间，在真正进行选择的时候，教师还要结合实际情况，如果学校本身有非常强的科研能力，能够为自己的科研提供硬性条件方面的支持，那么就可以将更多的精力放在科研方面。相反，如果学校自身的科研水平有限，那么教师应该尽可能将自己的注意力时间放在教学方面。除此之外，年轻教师还要思考自己擅长哪个方面，如果自己擅长教学，那么可以将更多的时间和精力放在教学方面；如果自己擅长科研，那么可以将自己的时间和精力放在科研方面。一个在教学方面取得良好成果的教师不一定会在科研方面也获得优秀的成果，同样的道理，在科学研究方面取得大量成就的教授不一定能够很好地开展教学活动。作为年轻教师，必须认真思考这些问题，然后决定自己成长过程当中的侧重点，这样才能避免自己走过多的弯路，才能尽快的找到自己的职业发展方向。当然这一切的前提都是教师必须把教学当作基本任务、首要任务，在此基础上去正确看待科研和教学之间的关系。

总体而言，无论是教学还是科研，意义都是多方面的，二者之间的联系也不是简简单单就能讨论清楚的，对二者关系产生影响的因素过多，所以，在实际操作的过程中要分析多种因素的影响。但是，本质上二者是相互促进的，学校的发展目标始终是培养出优秀的人才，所以很多学校一直把教学作为自己的根本任务，但是，因为科学研究能够助推教学的发展，所以学校也要关注科学研究。对于学校而言，教学和科研是它发展过程中不可或缺的两个臂膀，只有让二者协调发展学校才能稳定发展。

（2）学生。

第一，自由与学生个性的发展。在改革开放全面推进之后，社会的开放程度明显提高，人们的思想也变得更加开放，这样的环境下人们更加注重个性的发展。与此同时，社会步入了知识经济时代，更关注创新人才，这使得教育也开始注重学生的个性发展，为学生的个性发展提供了更充分自由的空间。

一是个性与个性发展。个性指的是个体心理特征中非常稳定的一种特征，它能代表个体心理特征中的某种情感倾向，个性的形成会受到遗传、学习和成长等因素的影响，个性特征主要体现在学生需求兴趣、性格、价值观以及能力等方面，个性的形成以生理作为基础，在这个前提下，社会当中的主体和客体在发生相互作用的时候促成了个性的生成，形成个性代表个体具有了一定的特殊技能、特殊能力，代表个体的需求层次有了一定的提升，代表个体有了自己的兴趣爱好、价值观。

个体的个性发展既有利于自身的成长，也有利于社会的进步。首先，个性得到充分发展的个体会更加积极主动，他们有积极向上的内在动力作为支持，在这种动力的支持下，个体更容易成长为有才华的人、成熟的人；其次，个体的个性充分发展可以助推社会的发展进步，社会是由基础的个人组合成的集体，但并不是所有个体奋斗成果的简单合成，而是整个集体共同发展之后获得的进步成果，个性的发展有助于机体经验范围的扩大，进而可以实现人类的整体发展；最后，计划经济时代，我国对个性的发展形成了错误的看法，过于注重教育的同一性，为了纠正这种错误，我国更应该支持学生的个性发展，为学生提供有利于其个性成长的环境。

二是自由与个性发展。班级教学知识在学校教育当中的应用极大地提升了学生的培养效率，但是班级教学的教学模式非常单一，而且所有的学生都要遵循规章制度当中的约束，这使学生从教当中获得的自由越来越少，培养出来的学生越来越统一，在这样的情况下，人们意识到了自由缺失的严重性，开始倡导教育要关注学生自由，关注学生个性成长。

自由的解释有很多种，本书中的自由指的是人在社会活动中具有的活动自由。在步入现代社会之后，个体有越来越大的活动空间，在社会活动空间当中个体自由不能妨碍他人的正常活动。换言之，这种自由是需要承担一部分责任的，首先，它不可以影响他人自由活动的基本权利；其次，个体需要承担自己自由行为带来的后果。总体而言，这种自由属于消极自由，它有权利不被别人干涉，但是它又不是完全的消极自由，它在享受不被别人决定的时候，也在试图去冲破外在枷锁和限制，想要去努力，所以它也有积极自由的成分。消极自由在一定程度上为个人的成长与发展提供了基本保障，但是它也为自由发展设置了责任，让自由有了一定的约束，避免了个人的我行我素。

个体和他人之间的区别主要通过个性来体现，如果个性发展受到了外在压制，那么个性便没有办法体现。所以，个性发展需要自由，需要自由的时间、自由的空间，只有依赖于时间和空间的支持才能实现个人发展个人。在社会活动当中可以获得自由活动，自由生长的机会，也可以在活动当中不断地进行自我反省、自我评价，肯定自己的优秀之处，改正自己的不足之处，自由并不是完全自由，而是有责任的。责任赋予了人主动性，让人可以主动选择、主动发展，主动实现自我。自由具有的责任极大地帮助个人能力、个人性格、个人世界观的形成与构建，在个性发展过程中必然离不开自由，个性得到自由发展之后，人的理性也会在一定程度上有所发展、有所进步，理性的发展可以让个体更好地运用自己具有的自由权利。

学校是人生重要的发展阶段之一，学校对个性的形成以及个性的发展有重要影响，在这个阶段，学生会形成更强的自我意识，会有更高的思考能力、创新能力。所以，学校需要为学生提供适合其个性发展的校园氛围，教育自由主要涉及学生、学术、教师以及学校自治方面的自由，学校应该尽最大努力为学生的个性发展创建适合其自由的教育环境。

三是学生自由与个性发展。学生自由包括两方面的内容：首先，学生自由指的是学生可以在学校举办的教育活动当中自主地参与活动，换言之，学生会获得更多的教育主动权、教育自主权，他们掌握了他们权利范围内的教育自由。但是，之前的传统教育模式更加注重教师权威性的树立，强调教师是绝对正确的，在这种情况下，学生的主体性没有得到重视，学生往往是知识的被动接受者。在这种情况下，培养出的学生没有较高的创造能力。其次，生活自由，指的是生活方面学生具有的自由。学生的自由是在某个范围之内的相对自由。

首先，学生自由让学生有了更加协调更加和谐的生活环境，他们转化了角色，不再是教育的被动接受者，而是变成了参与者，他们可以在教师的指引之下自由地自主地参与学习和生活，而不是处于被监视、被处罚的学习环境当中，学生得到了自由之后，可以将自己的想法表达出来，也不会因为自己想法的与众不同而受到他人的责罚。不仅如此，学生在展示自己的与众不同时，可能会得到老师的嘉奖，这有助于学生个性养成，有助于学生创新能力的提升。

其次，学生拥有更多自由之后，学生的学习时间、学习空间都会得到解放。学生可以对多余的时间进行自主掌控、自主支配，这些闲暇时间才是个体与个体之间差异出现的重要时间。最开始人类就是利用闲暇时间进行学习的，学习的出现导致了最初人类个体和个体的不同，一部分人利用学习得到了更好的发展。现在也是一样的，学生完全可以把自己的业余时间利用起来，学习自己喜欢的项目，发展自己的爱好，开阔自己的视野，树立正确的人生观、世界观，而且业余时间当中，学生可以开展读书、社交、娱乐等方面的活动，这可以使学生的日常学习节奏有一定的调节，也可以让学生从其他方面获得自信，有利于激发学生内部的积极因素、潜在因素，让学生的能力得到全方位的发展。

最后，赋予学生自由，要求教师转变自身的工作角色、工作地位。教师和学生处于教学当中的平等地位，教师在某种程度上是学生学习的指导者，而不是之前的监督者和决定者，在这种情况下，学生可以展开自主学习，可以自由处理遇到的生活问题。但是，在获得自由的同时也要承担更多属于自己的责任，要求学生遇到事情要仔细思考，要认真对待。例如，在选择要学习的学习内容时应该考虑社会需要，也要考虑自己的兴趣爱好。在学生获得一定的主动权之后，学生的积极性主动性会使得学生积极地表现自我，彰显自我，在这种自我表现过程中，学生可以更为全面地提升自我，在个性自由发展的过程中，学生也会提高自己产生的需求层次，不断地注重自身能力的提升。

学生自由可以在最大程度上影响学生，它会直接助力学生的个性发展。除此之外，教师、管理以及学术方面的自由会对学生的自由个性的发展产生间接影响，学校可以从整体角度出发为学生构建适合他们个性发展的自由环境。

四是教师自由与学生个性发展。这里提到的教师自由指的是学校应该对教师进行相对自由的管理，给予教师一定的权利，让教师可以自由选择教学内容、教学方法，让教师在教学中展现教学个性。

教师自由可以潜移默化地对学生的个性成长产生影响，波兰尼的缄默知识塑造了全新的知识观念，从科学角度对教师自身素质的重要性以及教师的以身作则的有效引导做出了解释。他的知识可以分成两个类别：首先，缄默知识，指的是没有办法使用语言表述的知识，这类知识具有的特点是情境性以及个体性，它们的影响是潜移默化的；其次，明确知识指的是教材当中的知识，这些知识可以使用语言的方式表述出来，教材当中的知识不能对学生的性格产生影响，学生的性格主要受到日常的实践活动产生的影响。一般情况下，教师的教学风格会影响到学生的气质以及学生的性格，教材当中的那些缄默知识需要借助于教师的讲授才能发挥作用，如果学生喜欢老师的教学风格，那么教师就会对学生的性格和气质产生积极的影响。

五是学术自由与学生个性发展。学术自由最重要的方面有两个：一是思想自由；二是言论自由。思想指导行动，思想的发展会直接影响学生的个性发展，只有学生具有了独立的思想，学生才能是个性的学生，学校注重于学生对知识和真理的掌握，但是无论是知识还是真理都存在相对性，知识和真理是不断完善、不断优化的，而且个人对知识和真理的理解角度不同也会形成多样的理解结果。所以，个体的思想必须承认这种多样性，只有承认多样性，个体才能是个性发展的，学校应该允许学生自主进行知识的探究、自主选择知识的了解角度，如果这个时候学校还对学生进行自由压制，没有给学生自主探究的机会，那么学生就没有办法形成独立的思维，也没有办法成为有个性的人。

综上所述，想要为学生的个性成长创造更优秀的环境，那么需要做到学生自由、教师自由以及学校的治理自由，教育首先应该把学生看成独立成长的个体，虽然自由具有双面性，但是，如果可以合理地运用自由，那么能更大程度地促进学生发展，也能使学校更好地发展，学校应该从尊重学生的角度出发为学生的个性发展提供自由的环境，真正做到学生全面发展和个性发展的结合。

第二，师生主体关系的建立。师生关系是学校各种关系中最基本的，也是最核心的关系。建立良好的师生关系是保障学校的教育教学、科研和管理工作顺利进行，提高学校核心竞争力的关键。因此，正确理解良好师生关系的内涵和意义，认识和把握制约与阻碍师生关系良性发展的问题，从而采取切实和合理的措施来解决这些问题，对于建设一种民主的、平等的、充满活力而又健康的良好师生关系，具有重要的意义。

就学生的本质属性而言，首先，学生是教育对象。学生在学校的主要任务是接受教育，是学习者，是受教育者，是实施教育的客体，这是教育活动客观规律的体现。其次，学生又是学习的主体。教师的教必须通过学生的学才能实现，外因只有通过内因才能起作用，必须强调和指明学生是学习与发展的主体，必须充分发挥学生的主观能动性。最后，学生是发展中的人。一是人的遗传素质为学生的发展提供了可能；二是学生还有赖于教师的培育；三是学生现实地处于发展变化之中。所以，一般意义上的师生关系，在内容上是授受关系；在人格上是平等关系；在社会道德上是互相促进的关系。

在教育中，教师和学生为完成特定的教育任务，在教育教学过程中形成了一种特殊的社会关系，它以实现教育目标任务为目的，以情感为纽带，以教育法律法规及学校规章制度为规制，以学校文化为环境氛围的特定人际关系。师生关系不是亲情关系，不是普通的社会关系，其人际的特殊性在于它是"主体—主体"的关系，是两个主体的相互成就关系。即教师和学生都是主体，当然，在主体性程度上两者是有差异的。一方是相对成熟或具有某种知识、技能优势的主体，而另一方是尚未成熟或虽有一定成熟度但没有知识、技能优势的主体。

学校师生关系是否和谐一致，直接关系到学校学生培养质量和学校未来的发展。良好的师生关系，可以使师生的主观能动性都得到发挥，充分调动学生参加教育教学的积极性，保证成果为本的互动式教学的顺利进行，培养出具有创新精神和实践能力的优秀学校。

然而，我国教育进入"互联网+"时代，传统的教育秩序正遭受巨大冲击，以"知识"和"情感"为中介的传统师生关系正面临困境及转型的必要。有形层面表现为教育的主客体、组织形式、教育教学内容等发生了显著的变化；无形层面表现为教育的功能与价值正在被调整和重构。特别是"互联网+"所意涵的自由化、个性化、平等性与开放性在很大程度上转变了师生的思维方式和认知理念，颠覆了已有的知识观、师生观，在改变传统师生关系的同时，也影响了原来的师生关系生态，师生关系正发生着有悖于传统的异化。主要表现为知识来源点的转移改变了师生的社会关系，技术的工具性凸显淡化了师生的情感联系，思想观念的改变影响了师生的教学地位。由此，需要重新以知识为核心、以情感为纽带、以融合为导向，重构"互联网+"时代的师生关系。

良好的师生关系具有尊师爱生、民主平等、教学相长的时代特点。就其内容而言，师生关系包括的教育关系和心理关系，其中每一个要素都有特殊的含义，对于实现教育目的有特殊的作用。处理这些关系需要遵循不同的指导原则：处理教育关系，要求做到教学相长，并且要做到民主平等；处理心理关系要求做到尊师爱生。教育关系是师生关系中最本质的关系，没有教育关系就无法形成师生关系，就不能实现学校的教育任务和培养目标。另外，在师生关系中具有激励和润滑功能，使得师生关系充满活力并且减少摩擦和内耗，从而保证教育关系的正常运转，保证教育任务的顺利完成。

一是尊师爱生。尊师的美德是就学生而言的，历史发展至今，尊师始终是我国的优秀传统美德，但是，随着社会多元化的发展，思想发生了很大改变，尊师的观念慢慢开始淡化。所以，在建设新型师生关系的过程中，应该加强学生的思想道德修养建设。首先，作为学生，应该尊重和认可教师的努力和工作，积极配合教师的工作，促进师生之间的交流积极性，学生应该虚心求教，刻苦钻研，刻苦学习。其次，学生在对待教师的过程中，应该做到宽容和理解，教师并不是圣人，有时也会犯错误，作为学生，应该正确看待教师的错误。最后，教师都有其独特的教学特点和风格，学生应该正确地看待教师的独特性。师生关系是一种互动的关系，学生对教师的态度直接影响师生关系。因此，学生应该理解教师在某些方面的局限性，并正确认识自己的不足，理解和尊重教师，在生活和学习中与教师坦然相对，多主动与教师沟通。

随着社会新形势的发展，教师应该树立新型的教师权威观。教育是人类进步发展不可或缺的一种组织活动，始终需要教师的权威。但是，教师的权威性质应该随着时代的变化而变化。当下，学校教师还拥有教育权威，但是，随着平等、民主理念的发展，师生关系从本质上发生了改变，不能再采取惩罚、压服的方式教育学生，更多的是引导、教育和说服。新型的教师权威强调教师在教育学生的过程中要充分利用个人因素引导和影响学生，以个人的人格特征和内在素质教导学生。因此，教师应该不断完善自我，提高自身的文化素养和形成良好的道德风范，以自身的独特魅力吸引和引导学生，从精神上感化学生。

要想获得学生的信任，教师就要真诚地关爱学生，这也是教师做好教育教学的必要前提。当下，作为教师，必须要有崇高的职业道德内涵，以学生为主体，热爱学生，理解学生，与学生建立良好的关系，关心爱护全体学生，尊重每一位学生，用平等的眼光看待每一位学生，善待和宽容每一位学生，促进学生的健康、全面发展。特别是关心学生、热爱学生，应当从全方位去关心。

作为学生而言，其特定的社会地位也决定了他们有希望得到教师关心的心理需求。学生都希望教师能关心自己，注意自己。受到教师的关心他们将会感到一种荣耀和力量，反之，他们会有一种被遗弃的感觉。关心学生不仅是教育的需要，也是培养师生感情的需要。要做到关心学生，就要求教师经常深入学生、了解学生。要求教师积极地有针对性地指导学生，通过教育和自我教育使学生逐步从不成熟走向成熟，从不足逐步走向完美。当然，严格要求也是对学生一种爱的表现。爱护学生，并不是迁就和放任学生，而是教师对自己职业的高度忠诚所产生的对工作对象的一种极度负责的感情。教师对学生的要求越严格，反映了他对学生越爱护，渴望用自己的言行去启迪学生，引导学生。一个不爱护学生的教师是不会对学生提出严格要求的。教师只有从爱护学生的立场出发，提出合理的、学生力所能及的严格要求，才会得到学生的支持和拥护。从学生的角度看，严格教育也是学生成长和成才的需要。

二是民主平等。在教育活动中，学生和教师是缺一不可的两大主体。没有任何一方，教育活动就无法正常进行。教师的职责是教书育人，具有主导性，学生是教育教学的承接者，是教育的主体。现代学生有其独特的身心发展特征，教师在与学校交流的过程中，应该遵循民主、平等的原则。所以，教师在与学校的交往过程中，要放下自身的权威性，平等、友好地与学生相处，成为学生真正的良师益友。另外，从人格的角度看待师生的平等关系，教师和学生在人格上是平等的，不具有等级性，日常生活当中，教师和学生应该相互信任、相互尊重，不是学生依附教师的关系。并且，所谓的平等关系并不是绝对平等，因为教师和学生的某些职责范围不相同，双方主导的方面也不相同。

从认知角度出发，教师与学生的认知关系只是一个在前一个在后，这两者之间并没有尊卑之分；从情感角度出发，教师与学生在人格上都是独立的，学生和教师都是独立的个体，有其独特的情感表达方式和内心情感世界，应该相互尊重和理解。教学的过程是需要师生合作的，良好教学氛围的营造能够提高教育教学的效果，是师生共同追求的教学目标，良好的氛围需要师生的共同努力。在现代教育教学中，学生是接受教育的主体，但是同样具有独立的人格。当学生犯错时，教师应该及时提出批评，并引导学生改错。

新型师生关系的精髓是承认师生双方都是平等的人、有独立意义的人、有主体性的人。平等的师生关系能够改变学生在教师面前的不自在、不自信甚至不愿意交心的状态，平等的师生关系能够加深师生之间的相互了解，进而形成良好的师生关系；师生平等能够帮助学生敢于打破权威，培养创新精神和探究精神，提高学生的自主能力和创新精神。所以，在新课改的大力推行下，教师应该彻底转变教育理念，以学生为教育主体，将学生看成是具有独立意义的人，这是新型师生关系建立的必要前提。大多数情况下，教师的潜意识认为学生是小辈，认为自己才是教育教学的主体。但事实并非如此，学校师生关系的建立需要师生之间相互理解，共同创造新型的师生关系，并且在与他人的交往过程中，应该做到积极主动、相互理解和尊重。因此，作为学生，应该像尊重父母一样尊重教导自己的教师，做到虚心求教、尊师重道，另外，学生还应该把教师当作引导自己前进的明灯，引导自己驶向远方。学生是学习的主体，在面对教师时，一定要积极发挥自身的主观能动性，克服自身的害怕心理，积极主动地与教师沟通请教，平等坦诚地与教师交往。

对话平等需要教师和学生都保持良好的态度和正确的认识。师生关系应该是"学者—学者"的关系，而不是以"老板—员工"或者"师父—徒弟"的关系为底板，这样才能从根本上建立平等的关系，所以，师生之间的关系必须是平等、友好、和谐的，只有在这样的关系中，才能营造一个良好的教学氛围。才能真正实现共同思考和共同进步。由此可见，平等关系的建立尤为重要。当教师转变了教育理念，就不再有学生道德教育的"监督者和教师爷"，也不再有知识权威，学生也不再是简单地吸收知识，也不存在谁驯服谁的说法，整个教学氛围都变得更加平等、友好、和谐，师生在这样的教学环境中能够自由交流对话，师生之间也不存在依附关系，极大程度地实现了平等教学，在平等的关系中，师生双方都具有了独立的人格，并都能够敞开心扉，平等地交流和沟通。尤其是互联网的发展，让学生获取知识的渠道不断多元化，新一代学生对新事物的掌握更具优势，在这种情形下，很有可能会出现年长一代向年轻一代求教的现象。作为教师，应该充分认识到教师与学生的民主平等关系。尤其是在初中阶段的教学，更应该注重发挥学生的自主性和教师的引导性，在教育教学的过程中，教师应该明确教学目标，为学生营造一个充满乐趣的教学氛围，在民主、平等的教学氛围中共同进步。

三是教学相长。新型师生关系的主要内容是：在学习上，师生应该相互促进、相互启发、教学相长。师生关系的建立是基于教学过程的，师生的主要人际关系集中在"教"和"学"两个方面，两者互相渗透的同时又相对独立。教育教学的过程中，教师的基础知识储备和研究相关问题的能力优于学生，所以，在学术权威上，教师更胜一筹；但是在发散思维、开拓创新上，学生具有绝对的优势。只有相互尊重和理解，才能实现教学的教学相长，才能促进师生之间的交流沟通，进而建立平等、自主的师生关系。由此，教师的积极期待和消极期待会直接影响学生的发展和成长，会让师生之间产生隔阂。因此，教师和学生都应该互相信任、互相欣赏，让学生在教师的积极引导下不断激发学生的内在潜力。

在具体的教学实践中，学生主要依靠教材获得知识，通过教师课堂传授有效接受知识，这种教学模式是教育最常见的方式。传统的教学理念是：教师只是单纯地传授知识，学生则机械化地掌握知识。相较于传统教学模式，现代的教学理念是培养学生的综合能力，引导学生树立创新意识。对现代教学而言，最要紧的是如何从传统教学模式中有所突破，改变以往机械化的教学模式，将以往被动式的学习模式转变为自主式学习模式。在现代教学理念中，教育教学的过程是人际交往的过程，在此基础上，更注重师生关系的有效建立，更强调人际关系对教学的重要性。所以，和谐的师生关系是现代教学课堂的重要组成部分，通过师生之间的信息沟通和交流，最终实现教学相长。

3. 教育的构成

教育的构成：三要素、四要素、五要素。教育的构成是指构成教育活动必不可少的最基本的因素，认识教育的基本要素是认识教育活动结构的基础。关于构成教育活动的要素，概括起来主要有三要素、四要素和五要素这几种说法。其中，尤以三要素最具代表性。

（1）三要素。构成教育活动的基本要素是：教育者、受教育者（又称学习者）和教育影响。

第一，教育者，从广义上而言，凡是能增进人们的知识、技能，对受教育者智力、体力和思想意识发挥教育影响作用的人，都可以称为教育者。家庭是个体受教育的重要场所，父母以及家庭中的长辈是子女最初和经常的教育者；社会生产和生活中的师傅以及其他起到教育作用的人，也是教育者。自从人类社会产生了专门的教育机构——学校——以来，教育者则主要是指学校中的教师和其他以教育为基本职责的人员。教育者是构建教育实践活动的基本要素，是教育实践活动的主导者。

教育者的根本特征，是他所从事的是一种以培养和教育人为目的的社会实践活动，这种活动的直接指向是受教育者的身心素质。教育活动与社会生活中人们之间的自发影响不同，社会生活中的自发影响，虽然对个体的发展也产生一定的作用，但这种影响却不是以培养和教育人作为活动主体的主要目的，只有在教育活动尤其是学校教育活动中，活动主体才以教育为其主要目的。教育者的基本职责就是以其自身的活动来引起和促进受教育者的身心按照一定的方向去发展。离开了教育者及其有目的的活动，教育也就不存在了。

第二，受教育者，即学习者，是指在各种教育活动中以学习为其主要职责的人，既包括以学习为主要社会义务的在校青少年儿童，也包括已经步入社会但仍在接受多种形式教育的成人。在任何一种实践活动中，实践的对象都是构成该活动的基本要素之一。受教育者是教育实践活动的对象，因而当然地成为教育活动的基本要素，没有受教育者，同样也就没有教育活动的存在。

教育活动是受教育者将一定的外在的教育内容、活动方式内化为其自身的智能、才能、思想观点和品质的过程。在这样一个艰巨、复杂、漫长的过程中，如果没有受教育者的积极参与，没有其主观能动性的发挥，教育活动是不会有好的效果和高的效率的。教育的任务在于，根据社会需要和个体的"受教性"，使受教育者从一个生物个体转化为一个社会个体，从自在的低水平的社会个体转化为自觉的高水平的社会个体。换言之，通过教育促进个体身心健康发展，使受教育者能够成为一定生产力的承担者、一定社会关系的体现者、一定社会精神生活的积极参与者。随着受教育者的知识与能力的增长，受教育者的主观能动性在教育活动中表现得愈来愈明显，所起的作用也愈来愈大，他们可以在越来越高的程度上主动而自觉地吸取知识，增进和发展自身的智力、体力和品德修养。

第三，教育影响。教育影响是教育活动中教育者和受教育者之间相互作用的中介。它包括教育内容、教育方法和教育手段等方面。教育内容是指教育者向受教育者传授的知识、技能、价值观和道德规范等；教育方法是指教育者为实现教育目标而采用的各种方式和手段，如讲授、讨论、实验、实践等；教育手段则是指教育过程中所使用的各种工具和资源，如教材、教具、多媒体设备等。教育影响的质量和效果直接关系到教育活动的成败和受教育者的成长。

（2）四要素。构成教育活动的基本要素是：教育者、受教育者、教育内容和教育物资。教育活动是由"教"与"学"两类相互依存、相互规定和相互建构的活动复合构成的。教育者与受教育者是教育活动中人的因素。凡是在教育活动中承担教的责任（包括直接承担者和间接承担者）和施加教育影响的人都是教育者。从广义教育看，教育者包括：各级教育管理人员、专职和兼职的教师、校外教育机构的工作人员、家长，等等；在有明确目的、独立进行的自学活动中，受教育者自己教育自己，当他在为自己确定学习目标、内容和方法时，则承担着部分教育者的任务。从学校教育看，教育者主要是指具有一定资格的专职教师和相对固定的兼职教师。

凡是在教育活动中承担学习责任和接受教育的人都是受教育者。在广义教育中，几乎任何人都可能成为受教育者，只要他在学习着。在学校教育中，受教育者是获得入学资格相对固定的对象——学生。在教育活动中，相对于教育者，受教育者处于被领导、被控制和受教育的地位。只有受教育者主动、积极参与教育活动，把教的要求转化为自己的学习、成长需求时或者善于作出自己的选择时，他才能成为自己学习的主人，成为自觉实现自身发展的主体。

在教育活动中，教育者与受教育者是人的因素中不可分割的两个方面。他们之间有着十分复杂的相互关系。

（3）五要素。构成教育活动的基本要素是：教育者、受教育者、教育内容、教育方法与组织形式和教育手段。五要素说是将三要素说中的教育影响具体化为教育内容、教育方法与组织形式和教育手段三个要素。关于教育者、受教育者的理解与三要素、四要素无异，此处不再赘述。

教育的内容是受教育者所要学习的各种知识、技能、思想、行为等的总和，它不同于社会生活中的一般影响物，而是根据教育目的经过选择和加工的特殊影响物。人类社会经过长期的历史发展，积累了丰富的知识和经验，但这些知识、经验必须进行精心选择和加工才能够成为教育内容。现代教育内容不仅体现在各种教科书、教学参考和其他物质形式的信息媒体中，也体现在教育者自身拥有的知识、经验、思想品德和工作作风之中，还体现在经过选择和安排的具有教育影响的人际环境、设施环境、自然环境等之中。教育内容逐渐成为教育活动中的一个独立因素。

教育方法与组织形式是在教育过程中为了完成教育任务所采取的教学方法和教学组织形式等，是随着学校教育的发展而逐渐形成和完善的。教学的方法主要有讲授法、谈话法、讨论法、练习法、实验法、参观法等。教学的组织形式有个别教学、班级授课制、课外活动、社会实践活动等。

教育手段是活动中所用的一切物质条件。如教育活动场所、教具、学具、实验器材、电教器材等。教育手段是教育发展水平的重要标志，随着教育手段的不断改进与现代化，教育活动的效率将不断得到提高。

4. 教育的过程

教育活动的展开必然表现为教育过程，教育活动的规律也必然存在于教育过程之中。因此，正确把握和认识教育过程的本质和规律，是有效开展教育活动、实现教育目的的保证。

人的任何活动都是一个过程，一般而言，所谓过程就是现实世界中的事物或活动产生、变化的连续性在时间和空间上的表现。所以，教育过程就是教育活动的延续与展开，就是教育活动所经历的或长或短的时间的行程。从教育过程所进行的形式上看，教育过程大体上可以分为以下四个层次：

第一个层次为学校教育过程，即个体整个的学校教育过程，包括学生从小学到大学毕业总的教育过程，这一教育过程贯穿初等教育、中等教育和高等教育几个阶段，由于不同阶段教育的性质和任务不同，学生在不同教育阶段的身心发展特点和发展水平不一样，所以，这个教育过程在不同教育阶段会呈现出不同的特点。教育工作者要特别注意这一点，这样才能根据各个不同时期学生身心发展的要求，实行不同要求的教育。

第二个层次是课程教育过程，即对一门课程从开始到结束的教育过程。这也是一个长期不断发展着的教育过程。由于不同课程具有不同的性质和特点，加上不同课程开始和结束的时间不同，所以课程教育过程具有多样性。教育工作者要根据课程的特点和学生身心发展的不同水平进行课程改革和调节。在学校教育过程中，没有一成不变的课程结构，而是要经常随社会发展的需要适时进行调整。

第三个层次是一门课程中的一章或一个单元的教育过程。这个教育过程是课程教育过程的一个组成部分。它从属于课程的教育过程，被一门课程的教育发展阶段所规定。

第四个层次是某个知识点的或一节课的教育过程，这是一个单元教育过程中的一个环节，也是一门课程和一定阶段教育的整个教育过程的基本组成部分，是最基本的教育过程。在教育过程的研究中，人们经常把一个知识点或一节课的教育过程作为教育过程的细胞来进行分析，这是非常必要和有意义的。作为教育工作者要特别注意这个层次的教育过程，尤其是要根据每个学生的特点和需要进行教育，也就是我们通常所谓的因材施教。

教育过程的本质就是教育过程与其他活动过程之间的根本性区别，具体而言，可以从以下方面认识教育过程的本质：

（1）教育过程是教育者与受教育者共同参与的活动双向过程。活动总是在一定的社会关系中实现的，在一定的与他人的交往中实现的。教育过程与其他的社会实践活动过程的区别之一就是它是由教育者与受教育者共同组成的一种活动，是二者共同参与、共同交往、共享经验的双边共时的活动过程。在这个过程中，教师与学生最大限度地进行各方面的交往，通过交往，授受知识，增长才干。这里所说的双边共时，包含着这样的含义：一是指教师的"教"与学生的"学"是两个不可相互取代的活动过程；二是指"教"与"学"是不可分割的，二者具有内在关联，"教"与"学"是紧密交织在一起的同一活动过程。

将教育过程看成是教育者与受教育者的双边共时活动过程，就意味着教育活动过程是师生双方在特定的情境和为特殊目标而进行的知识、态度、价值观等的共享活动。在这个过程中，教师既不能把学生看成是机械的个体，而只关注自己的教，认为只要自己把知识、学习要求、练习设计等讲清楚了，学生自然就学到了；也不能将其看作主要是学生内在潜力的展开过程，让学生去学，由学生自由选择爱学习的内容和怎样学，自己只要不阻挡、顺其自然即可。在上述两种情况下，教与学双方在教学中实际上只发生了一方的主动行为，没有实现双方发挥主动性的交互作用。

将教育过程理解为教育者与受教育者的双边共时活动过程，必然要求重新认识学生与教师在教育过程中的角色与任务。学生在教育过程中的角色，不仅是学习活动的承担者，而且是与教师一起组成的教育活动的承担者，是教育过程中的合作者，是教育活动展开的推进者和创造者。教育过程不再是单纯的教师传授与学生接受的过程，而是教师与学生平等协作、共同劳动、共享成果的过程。在这个过程中，教师致力于引导学生在知识、情感、意愿和行动等方面朝着预期的目标全面发展。同时，教师也在与学生的交往中逐渐深入地了解学生，并受学生的影响而丰富着自身的人格，充实、改善着自己的经验而获得进一步的完善和发展。

（2）教育过程是一个内化与外化交错递进的螺旋式上升过程。内化是指对一个外部操作的内部重建过程，也就是个体将来自外部的各种影响和动作行为通过认知和动作行为的定向结构转化为自身素质的过程。例如，我们可能是通过观察我们的父母是如何教育我们来学习如何教育我们的孩子的；或者是通过看别人是如何说话、如何骑车和如何读书而学习说话、骑车和阅读的。当然，在绝大多数情况下，不会因为一个简单动作的模仿而发生内化。内化是一个连续的过程。而且，有些活动虽然已经内化，但它与其他内在的活动建立联系仍需要相当长的时间。与内化相对的外化，则主要是指个体将已纳入主体个性结构的各种素质反作用于主体与外部交往的过程中。

对于学生而言，一方面，教育过程是内化的过程，即学生将外在的学习要求和内容转化为自身素质的过程，也就是个体社会化的过程。在这个过程中，学生将社会规范、社会需要、各种知识和技能内化为自己的知识技能、思想品德和智力能力。这个过程既是一个认识过程，也是一个发展过程。从认识过程来看，这是一个由简单到复杂的不断提高的过程；从发展过程来看，这是一个从低级到高级循序渐进的过程。而且，这个过程是在教师的规范、组织和引导下进行的。另一方面，教育过程也是外化过程，即学生将已经内化的知识、技能和能力，应用于实际去解决现实问题。知识、技能和能力能否顺利外化，是检验内化效果的标志。

当然，于个体而言，任何知识、技能、品德的内化都不可能一次完成，而需要内化、外化的多次反复。因此，教育过程也必然是内化与外化的交错递进、循环往复的过程。

（3）教育过程是他人教育与自我教育的协调统一过程。教育过程是他人教育和自我教育构成的统一体。换言之，教育活动是教育者施教和受教育者自我教育的一种共同活动。在教育过程中，教育者的教育即他人教育是活动的主体。作为主要教育者的教师，闻道在先，受过专门训练，掌握较多的文化知识，并且具有一定的教育经验和技能，因而可以在一定时间里将人类积累起来的科学文化知识通过一定的方式方法传授给学生，使人类的优秀文化成果得以保存和世代相传。

于学生而言，其自我教育意识和能力在一定意义上来说是教育的结果，又是进一步教育的条件或内部动力。学生的自我教育意识和能力越强，则越有利于教育目的的实现。在一定意义上说，没有自我教育的教育不是真正的教育，教育目的必须通过受教育者的内化才能真正实现，外因必须通过内因才能起作用。随着社会的发展，教育目的发生相应的变化，自我教育将逐渐成为教育的重心。

在我们今天的教育过程中，尤其要重视学生的自我教育意识和能力的培养，充分发挥受教育者自我教育的主体作用，反思传统教学观中学生的角色和作用。在传统教学观中，学生的角色定位是教学的对象。作为对象的学生，其基本特征是一个受动体，是有待教师来帮助、加工、实现变化与发展的人。教师则是施教的主动者，是学生课堂思维和行动的规定者、主导者，是课堂教学的操控者。在这样的教学观支配下，教学就是一种灌输、反复练习、奖惩控制、依靠外力和强刺激，将外在的文化、知识、技能、技巧转化为学生个人记忆的知识和熟练技能的过程。这样的传统教学观、学生观和教师观，必须发生变化，必须充分认识到在教育过程中，学生不再是消极的知识的接受者，而是他所获得的知识的主人；学生不仅是接受者、听者、学习者，而且是自我教育者，具有自我认识、自我体验、自我监控、自我评价的意识和能力。为此，教育必须发生根本性的改变，学校必须发生根本性的改变。未来的学校必须把教育的对象变成自己教育自己的主体。受教育的人必须成为教育他自己的人；别人的教育必须成为个人自己的教育。这种个人与他自己的关系的根本转变，是今后几十年内科学和技术革命中教育所面临的最困难的一个问题。

(4) 教育过程是培养完整的人的过程。这意味着在教育过程中要把学生作为完整的人来培养。换言之，教育培养的人不再是"片面的人""单面人"，而是"完整的人"；意味着教育必须发展一个现实人的全面素质，这些素质既包括身体生理素质，也包括心理人格素质；既要使身心素质的各个方面得以完整发展，又要使身心素质整体协调发展。换言之，把一个人在体力、智力、情绪、伦理各方面的因素综合起来，使他成为一个完善的人。

教育要培养完整的人，是由人的发展的完整性决定的。人是一个整体，人的身心发展本身客观上具有整体统一性。人是德、智、体、美等多种素质的综合体。人的发展不仅以这些素质为基础，而且也是在多种素质交织统一的运行机制中，最终走向全面发展。因此，教育过程作为为社会培养合格人才的过程，要实现教育目的，就必须根据人的身心发展的整体性，对学生施加全面的影响，通过全面施教，实现学生在德、智、体等方面的全面发展，培养完整的人。

(5) 教育过程是提高学生认识的过程。教育过程首先是引导学生掌握文化知识的过程，是引导学生通过学习和掌握的文化知识来认识客观世界的过程，即提高学生认识的过程。在教育过程中，学生的认识活动主要是在教师的规范和引导下，通过学习和掌握间接经验、书本知识的方式进行的。教育学原理在这个过程中，需要处理好以下关系：

第一，已知和未知的关系。在学生的教育过程中，首先需要处理好已知与未知的关系。因为学生学习和掌握知识是一个用已知同化未知、将未知转化为已知的过程。这里的已知是指学生已经掌握的知识，是外在的科学知识结构或教材结构在学生头脑中内化所形成的认知结构；未知则是指尚未被学生所掌握而又有待于学生去掌握的那些知识，主要是指学生即将要掌握的那些新知识。

一是充分发挥已知在学习未知中的作用。要促进已知对未知的同化和未知向已知的转化，首先需要充分发挥学生的已知和认知结构，在学习新知识中的积极作用，帮助学生建立已知与未知的内在联系。首先，大部分新知识的学习都是在原有的知识结构基础上进行的。因此，学生已有知识经验、知识结构为新知识的学习提供了背景、起点和准备，并参与到新的学习中，影响着新的知识结构的建构。诸多著名的教育家都非常重视学生已有的知识经验所发挥的"准备"作用。其次，学生已有的知识经验对新知识还具有加工处理作用。学生学习新知识，要么将新知识同化于已有的认知结构中，以充实这一结构；要么改变已有的认知结构，以顺应新的知识，从而建构一个新的认知结构。当学生运用已有的知识经验对新知识进行加工处理的时候，又可能引发学生对已有知识经验的重新认识、重新解释，从而导致学生认识的深化、知识的增长。

此外，学生已有知识经验和认知结构对新知识的"准备"作用和加工处理能力，与学生已有知识经验的存在状态和认知结构的合理程度密切相关。一般而言，学生的已有知识经验越精确、熟练，越能够融会贯通、运用自如，就越有利于新知识的学习。反之，学生已有知识经验如果不精确、不熟练，不能够熟练运用，就有可能干扰或阻碍新知识的学习。因此，要充分发挥学生已有知识经验和认知结构在学习新知识中的积极作用，教师必须引导学生熟练掌握所学的知识，使学生形成一个合理的认知结构。

二是未知过浅或过深，都不利于学生认识的发展。在未知向已知转化或者用已知同化未知的过程中，如果未知过深或者过浅，都不利于学生对新知识的学习。因此，未知既要与已知相关，又要有超出已知的新内容。

三是帮助学生在已知和未知之间建立联系。要促进由已知同化未知、由未知向已知转化，不仅要重视已有的知识经验和知识结构的重要作用，更要积极创造条件，帮助学生在已知和未知之间建立联系。

另外，"先行组织者"是一个非常重要的策略。先行组织者策略就是在向学生传授新知识以前，给学生呈现一个短暂的、具有概括性和引导性的说明，这个概括性的说明或引导性材料用简单、清晰和概括的语言介绍新知识的内容和特点，并说明它与哪些旧知识有关，有怎样的关系。使用先行组织者的目的在于：一是为新知识的学习提供可利用的固定点，即唤醒学生在认知结构中与新知识学习有关的已有知识或已有观念，增强已有知识的可利用性和稳定性；二是说明新旧知识之间的本质区别，增强新旧知识之间的可辨别性。奥苏伯尔还区分了两类组织者，即陈述性组织者和比较性组织者。陈述性组织者的作用在于为新知识的学习提供适当的起固定作用的旧知识，提高有关旧知识的可利用性。比较性组织者的作用在于比较新知识和认知结构中有关相似知识的区别和联系，从而增强似是而非的新旧知识之间的可分辨性。大量的研究结果表明，当学习一项与旧知识相似而又不同的新知识时，使用比较性组织者会收到良好的学习效果。

与先行组织者一样，运用解释性类比同样有助于把新信息与已知的知识经验联系起来，帮助学生学习新知识。一些研究表明，当类比的事物与被解释的事物非常不同时，类比的效果最好。例如，学校在学习淋巴系统的内容时，如果用海绵中水的运动做类比，其促进学习的效果要好于用静脉中的血液流动做类比。这也就说明，在教育过程中，用学生完全熟悉的事物做类比，其效果要优于用有直接联系的事物做类比。

第二，具体和抽象的关系。在教育过程中，学生的认知发展是从具体到抽象的过程，学生的抽象认知依赖于具体认知，具体认知有待于发展到抽象认知。在具体的认知活动中，二者是相互渗透、相互交错的。一方面，学生在具体的认识活动中，渗透着抽象的因素；另一方面，在学生的抽象认知中，同样渗透着具体因素，脱离具体的抽象认知是难以进行的。心理学认为，人在得不到任何感觉信息时，集中注意力和连贯思维就会出现困难，难以对事物做出清晰的思考，思维活动会跳来跳去，明显地出现思维过程的混乱。因此，在教育过程中，既要考虑学生认知发展从具体到抽象的阶段性特点，也要考虑具体认知与抽象认知的相互渗透，以避免割裂感性认知与理性认知、具体认知与抽象认知的联系。

第三，直接经验和间接经验的关系。人的认知遵循间接经验和直接经验辩证统一的规律。直接经验是指每一个体在认知、探究和改造世界的过程中亲自获得的经验，是个人的经验。间接经验则既包括他人的经验，也包括人类的经验（种的经验）——人类在文明的演进历程中积累起来的一切经验，并且主要是种的经验。在人的认知活动中，间接经验和直接经验是辩证统一的。一方面，人在认知、探究和改造世界的过程中离不开间接经验的支持，人的直接经验的获得内在地融合了间接经验。离开了间接经验，人的直接经验会变得非常狭窄。另一方面，间接经验是基于直接经验和为了直接经验的。换言之，间接经验通过转化为直接经验而起作用，其存在的意义也在于拓展人的直接经验，并进而提高人们认知、探究和改造世界的能力。

于学生而言，其认识的主要任务是学习间接经验。这是因为人类已有漫长的发展历史,在这个过程中积累了大量的经验与知识,创造了人类的文明,人类的认识已发展到一个很高的水平。作为后继者的现代社会的学生,要认识和改造世界,要适应高度发展的社会,就必须掌握人类积累起来的基本科学文化知识,必须以学习间接经验为主。而且,人的生命有限,不可能事事都去实践、都依靠直接经验去认识。因此,在教学活动中不能以一切真知都来源于实践,实践是认识的唯一源泉为由,要求学生事必躬亲,这在教学中根本不可能,也没必要。教学过程应是以传授和掌握前人积累的间接经验为主的过程,换言之,学生以学习书本知识为主。唯其如此,才使学生能够跨越时空的限制。学生学习掌握间接经验,不仅是必要的,而且也是完全可能的。

与此同时,重视间接经验的学习,必须以学生个人的直接经验为基础。只有当间接经验真正转化为学生的直接经验的时候,它才具有教育价值,才能成为人的发展资源。当间接经验脱离学生的直接经验,或者使学生的直接经验仅处于辅助地位的时候,那么这种间接经验非但不会促进发展反而很有可能抑制学生的发展。脱离学生生活世界的间接经验知识传授所产生的结果往往是低效甚至是无效的。换言之,教学内容只有越接近学生的经验,与学生已有的现实生活联系得越紧密,教学才会越有效。远离学生的经验,再现代化的教学内容也没有用,不在基于儿童经验的基础上去阐述现代内容,脱离了学生的经验,再好的教学内容也是不可行的。

因此,在教育过程中,必须避免历史上出现的两种倾向,即忽视间接经验的传授或者忽视直接经验的积累。坚持以传授和学习书本知识为主,既要重视书本知识的教学,又要适当组织学生参加实践活动,使学生学好书本知识,增加实践能力。要在间接经验和直接经验的相互联系、相互作用中提高学生的学习质量,促进学生认知的发展。

(6)教育过程是促进学生发展的过程。教育过程不仅是提高学生认识的过程,而且是促进学生发展的过程。在教育过程中,学生的发展过程与认识过程既有不同的性质和特点,又密切联系并相互制约;同时,学生的智力、品德、美感、身体等不同方面的发展过程也既有不同的性质和特点,又密切联系并相互制约。因此,教育过程要有效地促进学生的发展,就必须处理好学生的发展过程与认识过程的关系以及学生的智力、品德等不同方面的不同发展过程之间的关系。

第一,知识与发展智力的关系。掌握知识与发展智力的关系,是教育理论和实践中的一个重要问题。只有正确把握二者的关系,才能更好地促进学生的身心发展。在教育过程中,智力的发展依赖于知识的掌握,知识的掌握又依赖于智力的发展。首先,知识是智力的内容,是进行智力活动的凭借,掌握知识是智力发展的基础。智力是在掌握知识过程中发展的;智力离不开知识,不学知识,就不可能发展智力,智力发展会成为无源之水,无本之木。其次,学生的智力发展,是掌握知识的重要条件,智力发展得好,才能深入地掌握知识；智力的发展水平直接影响着学生掌握知识的进程及其广度和深度。学生的智力水平高，就能举一反三，触类旁通。学生智力水平不高是学习的一大障碍。所以，掌握知识与发展智力之间是相互联系、相互促进又是相互制约的关系，片面地强调某一方面都会损害到对方的作用。

与此同时，知识和智力之间并未建立一种必然的联系，它们需要进行一定的转化，即智力对知识必须善于灵活应用。所以，在教育过程中，我们应当从知识和智力两个方面努力，创造条件，使学生善于用知识分析问题、解决问题，提高他们的智力水平，同时也要提高他们的学习积极性，帮助他们掌握更多的科学文化知识。

第二，知识和提高思想品德的关系。掌握知识与提高思想品德的关系也是一个十分重要的问题。教育过程要促进学生的发展，就必须正确处理这一关系。掌握知识与提高思想品德的关系是一种辩证关系。一方面，学生思想的提高以知识作为基础。人们思想观点和世界观的形成离不开人们的认识，需要以一定的经验和知识为基础。尤其是要培养学生正确的人生观、科学世界观，更需要有一定的科学文化知识作为基础。另一方面，学生思想的提高又推动他们积极地学习知识。学生掌握文化科学知识的过程是一个能动的认识过程，他们的思想状况、学习动机、目的与态度，对他们的学习起着十分重要的作用。

根据知识与思想品德的联系和知识在思想品德形成过程中的作用，教育过程要有效地促进学生思想品德的发展，就必须重视学生对知识的掌握，使学生在掌握知识的过程中不断地提高思想品德。为此，需要做好以下方面的工作：

一是要加强知识教学的教育性。教学永远具有教育性，这是一条客观规律。但是，不同的教学所具有的教育性是不尽相同的。有的教师在知识教学中积极地发掘教材的思想性，联系学生的思想实际，有的放矢地对学生进行思想品德教育；有的教师单纯传授知识，以为知识本身就蕴藏着思想性，学生掌握了知识就自然而然地提高了思想品德。这两种知识教学的教育性显然是有差别的，前者是积极的，后者是消极的。要加强知识教学的教育性，需要教师积极地做好教书育人工作。

二是要培养学生学习知识的兴趣。表面上看，学生学习知识的兴趣与思想品德的发展似乎没有多大关系，实际上，它是知识对思想品德发生作用的一个重要条件。此外，要使知识影响道德品格的发展，学生必须对知识有强烈的兴趣；兴趣还必须是多方面的、平衡的，只有这样，道德品格的发展才能是多方面的、平衡的；教育性教学的目的就是培养学生平衡的多方面的兴趣，使他们形成决定他们行为意志的思想范围。事实上，学生对知识的兴趣不仅影响他们的思想范围，而且影响他们的态度和情感。学生对学习知识缺乏兴趣、态度消极、漠然置之，就难以产生积极的情感体验，就难以形成坚定的信念，就难以发挥知识的学习和掌握在思想品德形成和发展过程中的积极作用。

三是要引导学生在掌握知识过程中不断提高道德判断能力。学校道德教育的首要任务应该是提高学生的道德判断能力，这种理论把学生的道德成熟过程仅仅看作道德认识的发展过程，未免失之偏颇，但它重视道德认识和道德判断能力的发展在道德成熟过程中的作用，则有其合理性。毫无疑问，学生道德判断能力的发展离不开知识的掌握，但知识的掌握并不能自然而然地引导学生在掌握知识的基础上不断提高道德判断能力，逐步提高思想品德的发展水平。

第三，智力因素和非智力因素的关系。人的心理是一个整体，包括智力因素和非智力因素。学生的认识活动，也就包括智力活动和非智力活动在教育过程中，学生的认识活动既有智力活动，也伴随着非智力活动。这里，智力活动主要指为认知事物、掌握知识而进行观察、思维、记忆和想象等心理因素的活动。非智力活动主要指在认知事物、掌握知识过程中兴趣、情感、意志、性格等非智力因素的作用。两种活动同时存在，相互作用、相互渗透。没有不包含非智力因素参与的智力活动。

一方面，非智力因素的发展依赖于智力活动，并积极作用于智力活动。换言之，非智力因素在学生的认识过程中作用的发挥以智力活动为基础，学生的情感、兴趣、意志等非智力因素是在认识事物、掌握知识的过程中产生并发展的。同时，非智力因素又积极作用于智力活动，对学生的学业成就和认识活动产生巨大的影响。另一方面，要有效发挥非智力因素对学生学习和认知发展的影响，就应该按照教育需要来调节、引导非智力活动，实现教育目标。之所以要按照教育需要来调节、引导非智力活动，是因为学生的非智力因素是易变的。当学生的非智力活动与智力活动一致时，就能够促进学生的学习，使教学卓有成效。反之，就会干扰学生学习，降低教学效果。按照教育教学需要调节、引导非智力活动主要有两个方面：一是改进教育教学活动本身，使其能够激发学生的兴趣和求知欲，使之促进学生的学习和认知活动。事实证明，对活动的强烈需要和爱好是学生取得成就的重要因素。一个学生有学好某学科的能力，但由于缺乏兴趣，学习成绩并不突出，只有当学生对这门功课发生了兴趣，有了强烈的需要时，学习能力才能得到充分发挥，才能取得优良的成绩。二是提高学生的自我教育能力，使他们能够逐步养成强烈的成就动机、稳定的学习兴趣以及毅力、信心、求知欲，能自觉地按照教育教学要求调节、引导非智力因素，提高学习的效率和效果。

第四，身体发展和心理发展的关系。教育过程不仅是促进学生增长知识、提高能力的过程和学生心理发展的过程，也是促进学生身体发展、增强学生体质的过程。因此，在促进学生发展的过程中，有必要正确认识身体发展和心理发展之间的关系。

毋庸置疑，身体发展与心理发展之间有密切的联系。一方面，身体发展为心理发展提供前提和物质基础，心理发展离不开身体的发展。另一方面，心理发展对身体发展也有重要影响。以神经系统和脑的发展为例,神经科学家的研究揭示了大脑发育与认知发展之间的密切联系。儿童在大脑快速发展的时期,认知能力也在快速增长。

从学生青春期的身体发展与心理发展来看,其主要的心理特征——独立性,在一定程度上说,是大脑变化的结果,这种变化为青春期认识发展的显著进步铺平了道路。一方面,在青春期,随着神经元数量的不断增加,它们之间的连接变得越来越丰富和复杂,学生的思维也变得日益复杂;另一方面,前额叶在青春期开始显著发育,到21~22岁左右发育成熟。前额叶是人们进行思考、评价和做出复杂决策的脑区。同时,前额叶也是负责控制冲动的脑区,前额叶发育完全的个体可以很好地控制自己的情绪,而不是简单地表现出愤怒或狂暴等情绪。由于前额叶在青春期发育还不完全,因此,导致学生不能很好地控制冲动,进而出现一些具有青春期特点的危险行为和冲动表现。因此,在教育过程中,必须重视学生的身体健康,完善教育教学活动,促进学生身体的发展,只有这样,才能既有利于学生身体的发展,又有利于学生心理的发展。

(二) 高校教育管理的本质

1. 认知型冲突

在高等教育系统中,从宏观方面来看,高等教育如何适应国家经济、文化等的发展,每一个发展时期如何规划、区域高等教育的发展、高等教育发展速度的快慢、高等教育的科类层次结构等的确定,不同的决策者及管理者会产生不同的意见,甚至矛盾。在微观高等教育管理中,学校教育都是非常具体的管理活动,对于学校如何定位、如何发展、如何运用学校有效的教育资源,在培养目标、课程设置、培养计划的拟定和实施、教学与科研活动的具体展开、各项工作的总结评价等方面都可能出现一些不一致的地方和矛盾。

一般而言,增加交换看法、进行交流协商的机会,消除可能由于误会与信息不全所导致的认识上的不一致;进行"和平谈判",把对各种原因和结果的认识都拿到桌面上来,这需要领导者的权威和协调能力;提供学习机会,提高大学组织内成员的认识能力和观念水平,这不仅针对冲突双方,而且针对冲突涉及的相关方,大家都需要提高自身的认识水平;调整或改善组织内部的有关结构,使各种不一致、矛盾和冲突能够最大限度地被比较完善的组织结构和人员组合(搭配)所"稀释"和"化解";用超然的态度承认并超越某种冲突,这种方法可能有助于解决某种矛盾冲突。要解决这类矛盾和冲突,最好的办法就是在学习和研究的基础上,开展对高等教育的教育思想、教育观念的大讨论进行认知统一。要提供公开交流的平台和场所,进行认知交流,认知融化,消除和化解形成矛盾和冲突的原因,使组织成员和冲突各方在观点上达成一致,或者提高他们的认识水平。

2. 感情型冲突

感情型冲突是一种非理性的冲突，主要存在于微观高等教育管理的活动中，相对于某个方面的具体事项，带有个人感情色彩，其原因可能是一些微不足道的小事，也可能是不同的性格、爱好，甚至可能找不到"原因"。在高等教育系统中，解决这类冲突的方法可以通过提高成员的心理素质，使其具有能够承受一定的情感冲突①的能力；提高认识水平，认识冲突的原因是微不足道的，认识冲突的结果可能会产生严重后果；施行合理而公正的奖惩手段，坚持规章制度的原则性，对于坚持感情办事而导致不良后果的，做出制度上的处理；进行感情牵引，引导感情向有益的方向发展，如完善和改进目标管理，把成员的注意力集中到实现高等教育目标上去。对于某些历史性的感情冲突，最好的解决办法也许是让时间来协调。

（三）高校教育管理的重点

1. 重视提升教学管理人员业务水平

学校方面要切实意识到教学管理者在学校长远发展建设当中，扮演的角色和发挥的不可替代作用，有效培育其思想素质，使其树立事业心与责任心，始终秉持奉献精神。教育管理者所处位置非常关键，发挥承上启下的作用，担当上传下达的职责，不单单要贯彻落实上级部门给出的工作安排与文件精神，还必须协调组织教学管理活动，同时还要面对教师，处在和学生沟通互动的前沿，这样的工作定位与职责呼吁教学管理者要具备职业道德与高度责任意识。教学工作涉及范围广，内容多而复杂，很多事都要关注细节，有些事情看似很小，但实际上却关系深远。

高校教学管理的一个重要特征是层次化管理，既有独立，又有彼此的团结配合。只有具备团队协作精神，懂得如何合作和协调，才能够全方位处理好实际工作，做好分工，有条不紊地解决好诸多问题。要有极强业务素质能力。教学管理者，业务水平与能力素质是独立开展教学管理工作，有效突破实际难题，完成各项管理任务的根本。学校方面要关注教学管理者业务素质水平的提升，使其能够熟练把握以及运用好高等教育的专业化知识，把握教学管理基本理论与专业知识，有效评估教育教学的发展态势，协调不同部门与不同因素之间的关系，推动信息的顺畅流动，革新管理策略，全面提升管理水平。

2. 深入了解教学管理与教学质量的关系

教学管理是学校针对教学工作不同环节开展的管理活动，结合既定管理目标与原则对

---

① 情感冲突是人积极活动的心理动力源泉，排斥性情感使人与人之间互无交往的愿望，因而也就谈不上彼此的吸引和良好关系的建立。

教育教学实施有效调控。教学管理各环节均与教学质量存在着密不可分的关联。教学管理涉及的内容非常广泛，从教学质量评价系统来看，包括培养方案、教学计划的制订、教学任务的安排、教学跟踪监测、信息收集、信息统计分析、质量评价等内容。与此同时，要特别注意结合反馈信息以及评估获得的结果进行教学计划的革新调控。每一项具体工作又会包括很多不同的方面。教学管理一定要紧紧围绕全面提升教学质量，这个中心工作实施，高校应该全面革新与健全教学管理体制，积极建立有助于新型人才培养的教学管理制度。

3. 积极处理教学管理人员与教师的关系

教学管理者与教师共同担当着教育使命，前者以整合利用教育资源为主，教师以传播知识和启迪思想为主，管理育人与教书育人相辅相成，二者存在互相影响与作用的关联，属于同个目的之下的不同层面，主要体现在以下方面：

（1）教学管理者利用整理分析教师教学质量信息，反馈教学和学习的实际情况，合理给出科学化评定。检查考核，教师教育教学当中体现出来的学术与教学水平，评估其敬业精神，归纳评估教师是否认真完成了教育任务，给出的指标和规划，促使教师结合社会发展与市场需要，提升教学水平，培养高质量人才。

（2）教学管理者是衔接教师和学生的纽带，负责协调处理二者之间的矛盾问题，有效营造优质的教学环境，确保教学和学习活动的有序开展。

（3）高校管理者与教师共同参与学校各项事业的建设过程中，如课程建设和教材建设等。利用对教学的调查研究与分析工作，提出改革和优化教学的方案计划。

（4）高校管理者给教师提供教育教学方面的帮助，营造优良教学环境，促使教师可以集中注意力投入到教学活动当中。

4. 重视教学管理与研究的相关联系

教学管理是一项系统性工程，需要长时间建设与积累。高效完成日常教学管理，维护教学秩序，只是完成了第一层次工作，仅仅标志着拥有了良好的工作基础与教学环境。要想真正提升人才培养质量与教学管理质量，还必须积极促进教育教学研究工作的开展。关注教育教学研究的高校，其教学工作的指导思想明确、目标选择恰当，能审时度势，从国情、校情出发确立新思想、新思路、新措施、新制度，教学工作和管理工作处于高质量状态。因此，要特别关注教育教学研究工作，把握好提升教学管理效益与质量的关键点。

二、高校教育管理的特点

（一）突显教育功能的特点

高等学校的人才培养工作离不开高校教育管理，高校教育管理除了管理的属性外，还有鲜明的教育属性。

第一，高校教育管理的目标服从和服务于大学生教育的目标。高校的教育管理是为了实现预定的教育目标。大学生踏入大学校门的目的就是为了接受教育，高校如何通过高校教育管理来实现大学育人目标，是高校管理者必须思考的问题，高校教育管理必须要以大学生圆满完成预定学习目标为服务基础，制定出可以促进大学生德智体美全面发展的管理措施，完成不断地为社会输送人才的目标。高校教育管理与大学生教育目标的关系是，高校教育管理是手段，大学生教育目标是手段实施的依据。具体而言，有两个方面：首先，大学生教育目标的实现离不开高校管理目标的实现。有效且高效的教育管理，才能为大学生学习提供各种便利和服务，才能积极调动大学生的主观能动性，保证教学活动正常进行和学生的全面成长。其次，高校教育管理的目标要以大学生教育的目标为实施依据。

第二，教育方法在高校管理方法体系中具有突出的作用。高校教育管理活动应该要以现代管理活动中最常见的教育方法为基础手段，提高高校教育管理的实施成效。而高校教育管理是在组织活动中实现的，组织活动离不开人的参与，而人是有思想的动物，其思想意识支配且影响着人的种种活动，所以一切管理互动都是以人为基础运行的，只有做好人的思想工作，以思想引领为原则影响他人，才可以引导和制约人们的各种活动。放到高校教育管理活动中来，就是通过对学生进行不断的思想道德教育来促使高校教育管理中的法律方法、行政方法和经济方法卓有成效地实施。

第三，高校教育管理过程同时也是教育大学生的过程。高校教育管理是对大学生进行指导和管理，蕴含着丰富的教育因素，高校教育管理的过程会直接影响大学生德智体美的发展，因此作为向社会培养和输出人才的高等学校，其管理工作的实施，一定要对学生产生积极的影响。要以公正和谐的理念为基础，倡导从实际出发、遵循教育规律和管理规律、实事求是的科学精神，运用民主管理、依法管理、科学管理的手段，潜移默化地影响和教育学生。只有这样，高校教育管理制定的各项规章制度才能对大学生起到思想引导和规范行为的作用，需要注意的是，高校教育管理者在管理过程中的情感、态度和言行对大学生也有着不可估量的影响，因此，高校教育管理者在管理过程中也应注意自己的一言一行，努力成为正面积极的表率与模范。

(二) 影响价值导向的特点

高等学校是为社会培养和输送人才的基地，所以高校教育管理至关重要。社会经济基础和意识形态等方面对高校教育管理的目的、管理体制和管理形式是有制约作用的，因此要注意高校教育管理对大学生价值观形成、变化和发展的巨大影响。作为向全社会输送人才的高等学校，高校教育管理对人才的价值导向影响力巨大，如何为国家建设事业培养专业人才，是我国高校教育管理的一项重要课题。

第一，高校教育管理的价值导向集中体现在管理目标中。人类实践活动的基本特征是目的性。人的实践活动总是体现一定的价值观念，在实践对象的属性和一定需求及其变化趋势的基础之上做出认知判断，是人实践活动目的的基本内容和活动特性，高校教育管理的目的和人实践活动的目的相同。实际上，大学生价值观的形成和发展离不开高校教育管理的引导和促进，高校教育管理的每个举措都影响着大学生的一言一行，从整个高校教育管理系统而言，价值观的确定和设计，是高校教育管理目的的实行与运作的根基，所以我国高校教育管理的实行，要遵从我国核心价值体系的要求。

以高校教育管理的重要目标为例，即建设并维护学生良好的教育教学和生活秩序。其中"有序"的价值观就在这一目标的执行下，得到了良好的实行与发展，很好地推动与培养了大学生"有序"价值观的形成。同时，对大学生人才的培养是大学生教育以及高校教育管理的首要问题，如何培养、培养目的、培养效果等内容都蕴含着一定的价值观念和价值追求，包含这些内容的高校教育管理就是大学生教育的重点环节。

第二，高校教育管理的价值导向突出体现在管理理念中。作为高校教育管理指导思想的高校教育管理理念，对高校教育管理的原则和方法有着直接的制约作用，是对社会先进价值观的具体贯彻，对社会价值体系的鲜明体现。

第三，高校教育管理的价值导向具体体现在管理制度中。高校教育管理若想要实现规范化、制度化和法制化，其基本保证和主要标志就是制定科学又严谨的规章制度，这是高校教育管理能够顺利实施的基本方法。管理规章制度的制定离不开价值观念的指导和影响，其具有鲜明的价值导向，对大学生的价值观产生巨大影响。具体而言，可以对大学生的行为进行一系列要求，制度中可写明具体的行为规范。

(三) 体现系统工程的特点

高校教育管理是一项十分系统的工程，高校教育管理与任何管理活动的相同点体现在其整体性、层次性、动态性和开放性上，而异同点在于，高校教育管理活动具有其复杂性。

1. 高校教育管理任务的复杂性特点

高校学生的专业学习和日常生活属于高校教育管理的内容，高校教育管理对大学生各方面各环节的培养和管理是任重而道远的，有其特有的复杂性。高校教育管理在实施的过程中，不仅要注意高校学生中心任务的顺利实行，即对学生学习行为和实践活动的管理和引导，还要注意从高校学生健康成长的角度出发，对诸如学生间交际行为、消费行为、网络行为等高校学生的日常行为进行管理和引导，通过以上工作对学生的异常行为进行早发现、早校正和早处理，以保证高校学生的健康成长。具体而言，一般可分为以下四个方面：

（1）对大学生现实群体与虚拟群体的管理与引导。随着现代科技的不断发展，社交应用媒体的更新频繁，高校学生个性的不同会导致其活跃在不同的网络社群，所以从实际出发，不仅要对高校学生现实群体如学生班级、学生党团组织及学生社区和生活园区的管理和指导，还要对高校学生依据网络平台形成的虚拟群体报以持续的关注与管理。

（2）高校学生校内外的安全都要进行关注与管理。高校学生的学习生活不只会在校内进行，校外也是其活动的重要组成区域，因此在高校教育管理工作中，不仅要对学生校园内的生活进行合理的引导和管理，还要对校园外的生活进行持续的关注和督促。

（3）开展高校教育管理工作的过程中，要全面地考虑学生的具体情况。不仅要关注可以调动全体学生学习积极性的奖学金评定工作，还要关注家庭困难学生的资助工作，才能保证高校学生学业的顺利完成以及学生心理的健康发展。

（4）针对新生与毕业生的不同情况，高校要运用学校的资源提供不同的指导和服务。针对新生，高校教育管理要及时帮助新生明确未来要实现的具体目标，制订合理且科学的职业生涯规划，推动学生对高校生活的合理安排，为其未来发展奠定良好根基。针对毕业生，要及时地为其提供就业与创业方面的信息，进行积极的服务与指导，促使学生能够快速地从学生身份向社会工作者的身份转变，最大化地实现自身价值。

2. 高校学生具有明显差异和鲜明个性特点

随着现代社会科技的进步，网络时代背景下，高校学生是处于一个信息量很大的现状中的，信息的海量和易得以及自我意识的觉醒和增强，使持续受信息浸染的学生拥有了不同的精神世界和思想感情，每个人都有其特性。具体到班级单位，学生们的年级和专业都是相同的，但班级内的每个学生都有着鲜明的个人特质，如气质、性格、兴趣和习惯等。另外，一方面，高校学生来自全国各地，不同的生活经历和生活条件会使他们的思想行为方面有比较明显的差异；另一方面，大学生崇尚个性的特质会使他们对自身个性的发展和完善有着较强的追求，这也突显了大学生个体之间的明显差异。学生是高校教育管理的对象，高校学生个体间是有显著差异的，高校教育管理对学生这种个人特质的遵循是有效开展高校教育管理工作的前提，在这个前提下，高校教育管理对学生实行的因人制宜与因势利导的针对性工作，就具有了其特定的复杂性。

3. 高校学生成长影响因素的复杂性特点

高校教育管理的目的是为社会培养和输送高校人才，而高校人才如何能够健康成长，是高校教育管理的重中之重。在现实生活中，影响高校学生学习生活的因素多种多样，不只有学校内部的教育生活因素，外部环境因素的影响也不可忽略。由于外部环境的构成因素非常复杂，因此高校教育管理的应对也呈现出相应的复杂化。环境因素往往会通过学生的学习生活活动、人际交往等方面，对学生的成长产生不可忽视的影响和作用。其中涉及了多种多样的环境因素：①历史和现实的因素；②自然和社会的因素；③物质和精神的因素；④国际和国内的因素；⑤家庭和学校周边社区的因素。

尤其是现代科技与信息飞速发展的大背景下，全球一体化趋势越来越明显，世界各国联系紧密，学生对世界各地信息的获取变得越来越容易，这些信息对学生思想和精神的影响也愈发深远。

第二节 高校教育管理的理念与原则

一、高校教育管理的理念

教育管理理念指的是与教育有关的理想观念。教育管理理念一般涉及到管理原理以及管理规律两方面。现代社会的教育家会总结前人创造出来的教育思想，与此同时，考虑未来社会人才发展需要，提出未来教育发展应该遵循的理念。教育管理理念指的是未来教育发展应该遵循的理想化的观念，它为未来教育发展设置了一种理想化的教育模式、教育范型。当下教育发展可以遵循现代教育管理理念的要求，现代教育管理理念在一定程度上预测了未来的社会政治发展、社会文化发展以及社会经济发展。人们在创建现代教育管理理念的过程中，进行了很长时间的实践探索以及理论研究，所以，现代教育理念包含的思想内涵是相对深刻的。首先，现代教育理念在理论层面不再着重关注应试教育，而是更加关注教育的创新性、探索性、批判性。综合来看，现代教育理念强调的是客观以及科学。其次，现代教育理念在操作层面强调操作的可行性、包容性以及持续性。整体来看，现代教育理念在实践方面的发展已经相对成熟，所以，这在一定程度上有助于高校教学工作的更好开展。现代教育管理理念归纳起来包括以下方面：

(一) 以人为本理念

现在社会强调以人为本，教育是培养现代社会人才、推动现代社会更好发展的崇高事业，所以，教育应该以人为本。现代教育发展需要跟随时代的发展脚步，需要彰显时代精神，因此，现代教育强调要尊重人的主体地位，理解人的想法，保护人的信心，提升个人能力。因此，现代教育的各个环节都关注人在现实社会当中的发展需要，都开始为人才的未来发展提前规划，着重挖掘人的潜能以及人的天赋，注重人才本身价值的提升。以人为本的教育强调培养出有自尊、有自信并且能够自立自强的人才，而不是培养出只注重科学技术而不在精神和文化生活等方面综合发展的人才。

(二) 全面发展理念

现代教育以促进人的自由全面发展①为宗旨，因此，它更关注人的发展的完整性、全面性。表现在宏观上，它是面向全体公民的国民性教育，注重全面发展，以大力提高和发展全面的思想道德素质和科学文化素质，提高人们的知识创新能力和技术创新能力，以促进每一个学生在德、智、体、美、劳等方面的全面发展与完善，造就全面发展的人才为己任，这就要求人们在教育观念上实现由精英教育向大众教育、由专业性教育向通识性教育的转变，在教育方法上采取德、智、体、美、劳等并举，整体育人的教育方略。

(三) 素质教育理念

现代教育不再强调知识的单纯传授，更加注重的是以知识为载体，培养学生的能力，培养学生的素质。现代社会人才培养结构当中，知识、素质以及能力是共同存在的，而且彼此之间达到了辩证统一的关系，三个因素在人的发展过程当中始终处于和谐状态。现代教育理念改变了之前教育只注重分数、只关注知识掌握的现状，改变之后的教育，注重培养学生的创新能力、实践能力，注重学生素质的综合发展。现代教育指出：对于人才成长来讲，素质和能力是更重要的因素。因此，教学重心应该向素质培养、能力培养方向转移，教育应该把能力提升和素质加强作为教育目标，这样培养出来的人才才能在总体水平上有所提升。

(四) 主体性理念

现代教育是一种主体性教育②，它充分肯定并尊重人的主体价值，宣扬人的主体性，

---

① 全面发展即人的全面发展，指人的体力和智力的充分发展，又指人在德智体美各方面和谐的发展。
② 所谓主体性教育是指根据社会发展的需要和教育现代化的要求，教育者通过启发、引导受教育者内在的教育需求，创设和谐、宽松、民主的教育环境，有目的、有计划地组织、规范各种教育活动，从而把他们培养成为独立自主地、自觉能动地、积极创造地进行认识和实践活动的社会主体。

充分调动并发挥教育主体的能动性,使外在的、客体实施的教育转换成受教育者主体自身的能动活动。主体性理念的核心是充分尊重每一位受教育者的主体地位,"教"始终围绕"学"来开展,以最大限度地开启学生的内在潜力与学习动力,使学生由被动的接受性客体变成积极的、主动的主体和中心,使教育过程真正成为学生自主自觉的活动和自我建构过程。为此,它要求教育过程要从传统的以教师为中心、以教材为中心、以课堂为中心转变为以学生为中心、以活动为中心、以实践为中心,倡导自主教育、快乐教育、成功教育和研究性学习等新颖活泼的主体性教育模式,以激发学生的学习热情,培养学生的学习兴趣和习惯,提高学生的学习能力,使学生积极主动地、生动活泼地学习和发展。

(五) 个性化理念

想要形成创造精神或者提高创造能力,那么需要个性得到充分发展。在步入知识经济时代之后,社会需要创新人才,需要个性得到充分发展的人才。因为社会对个性化人才的需求增加,所以,教育也开始关注个性化人才的培养。现代教育认为应该在培养学生的过程中尊重学生的个体差异,鼓励学生发展自己的个性,允许学生和其他同学存在不同之处。与此同时,现代教育还呼吁教师针对学生的个性采取不同的教育方法,使用不同的评价标准。也就是说,现在教育强调为学生个性发展提供有利环境、有利条件。除此之外,现代教育要求在教育的不同环节当中充分体现出个性化教育理念,这样才能在助力学生个性化发展方面发挥长久作用。在具体的教育实践中,个性化理念要求教师为学生提供适合个性化发展的教育氛围,除此之外,教育强调师生之间应该展开平等的互动,教师应该对学生的个性差异给予更多的包容,给予充分的尊重,并且为所有的学生提供平等的展示个性化特点的机会和平台。与此同时,教师应该因材施教,使用差异化的教育方法。在普遍实行共性化教育的前提下,逐渐关注学生的个性化发展,并且将共性教育模式慢慢地转变成个性教育模式。

(六) 开放性理念

当今时代越来越开放,科学技术的发展速度越来越快,无论是经济还是文化都开始全球化发展,这使得地球当中的各个国家联系越来越紧密。在这样的情况下,教育格局也越来越开放。具体来讲,教育的开放性体现在观念、教育过程以及教育方式、教育目标、教育资源、教育内容、教育评价等方面。教育观念的开放性要求教育发展不应该局限于本国的教育范围之内,应该借鉴和吸收世界当中其他国家的优秀教育方法、教育理念、教育思想;教育方式方面的开放指的是教育应该向国际化、社会化等方向转变;教育过程方面的开放指的是教育不应该局限于本科教育、研究生教育,教育应该转向终身教育,此外,教育也应该从课堂逐渐延伸到网络、社区当中;教育目标方面的开放指的是教育不应该仅仅关注知识的学习，还应该关注潜能的提升、能力的发展、生存空间的拓展；教育资源方面的开放指的是教育活动应该综合运用传统资源、现代资源、物质资源、精神资源、现实资源以及虚拟资源，以此来发挥资源的真正作用，让其为教育实践服务；教育内容方面的开放指的是教育应该面向整个社会，面向整个人类的未来发展，教育内容不应该局限于教材当中，应该涉及社会的方方面面；教育评价方面的开放指的是教育不能仅仅使用考试一种评价方式，相反，教育应该设置更多元的评价指标，建立更多元的评价体系。

（七）多样化理念

现代社会的发展越来越多样化，社会结构也达到了高度分化的状态，人们的生活出现了越来越多的变化，人们的价值取向也朝着多样化的方向发展。在这样的社会当中，教育发展也必然会多样化。具体来讲，体现在以下几个方面：首先，需求多样化，因为社会发展提出了多样化的需求，所以，教育在培养人才时也必然要体现出多样化特点；其次，办学主体多样化、学校管理体制多样化；最后，教育形式多样化，教育手段、人才评价标准、教育效果评价标准等也开始多样化。在多样化的发展追求下，教学设计、教学管理也要面临更大的挑战。在教育理念多样化发展的情况下，教育需要进行柔性设计，需要开展柔性管理，需要使用弹性的教学模式。多样化教育理念指出教育的发展应该更加宽松，更有弹性，这样教育事业才能繁荣发展。

（八）创造性理念

传统教育向现代教育的重要转型之一，就是实现由知识性教育向创造力教育转变，因为知识经济更加彰显了人的创造性作用，人的创造力潜能成为最具有价值的不竭资源。现代教育强调教育教学过程是一个高度创造性的过程，以点拨、启发、引导、开发和训练学生的创造力才能为基本目标，它主张以创造性的教育教学手段和优美的教育教学艺术来营造教育教学环境，以充分挖掘和培养人的创造性，培养创造性人才。现代教育认为，完整的创造力教育是由创新教育（旨在培养学生的创新精神、创新能力与创新人格）与创业教育（旨在培养学生的创业精神、创业能力与创业人格）两者结合而形成的生态链构成，因此，加强创新教育与创业教育并促进二者的结合与融合，培养创新、创业型复合型人才成为现代教育的基本目标。

（九）系统性理念

步入知识经济时代之后，教育必然会发展成终身教育，人的一生发展过程当中，教育将会是伴随人类发展的最为重要的活动。在这种情况下，教育主体就不仅仅是学校，每个人都会成为教育主体，都需要关注自身的教育情况、成长情况。与此同时，社会也会更关注教育事业的发展。只有国民素质普遍提高，社会精神文明建设才能获得更好的建设成果。社会精神文明建设涉及很多内容建设，本身非常复杂，众多行业、众多部门都需要参与进来。我国社会目前正处于转型时期，教育也在处于转型阶段，当下，要构建的是大教育体系，该体系的构建需要系统的规划指导以及一体化运作。大教育体系的目标是培养学生的能力素质。通过对学生的能力培养素质培养，社会系统当中的各个环节部门将会得到有效协调，社会各个环节部门更容易完成整体联动。所以，当下的教育发展需要体现出系统性特点，需要遵循系统性理念，这样才能保证整个教育系统工程能够有序向前发展，也只有这样，社会提出的教育需求才能以更快的速度得到满足。

二、高校教育管理的原则

原则是人们对客观规律的认识和反映，是指导人们观察和处理问题的准则，由于规律具有不以人的意志为转移的客观性，因此，作为客观规律反映的原则也应该具有一定的客观性。任何管理活动，总是自觉或不自觉地遵循着某种原则，这就是管理原则。为了使管理活动有效，管理原则必须符合客观规律，并且不断地随着社会的变化而发展。

（一）高校教育管理原则的特性

高校教育管理原则是从事高校教育管理时应遵循的活动准则和基本要求，它是从高校教育管理的实践活动中总结提炼出来的，反映了高校教育管理活动的特殊性规律和特点。确立高校教育管理原则，既要借鉴现代管理的一般理论，又要充分考虑高校教育管理的特殊背景；既要追求理论上的相对完备性，又要强调对实际工作的指导意义。尤其要分析各原则是否涵盖，以及在多大程度上涵盖整个高校教育管理领域，从而给高校教育管理原则以科学、客观、合乎逻辑的定位。

管理存在自身的规律，管理活动必须遵循这些规律，一般管理活动的规律就是管理各基本要素之间内在的本质联系和管理过程的逻辑关系。现代行政管理学的理论和方法就是对行政管理活动一般规律的认识和反映。

行政管理思想经历了工业管理、人际关系、结构主义等发展阶段。教育管理在不同场合、不同程度上借鉴了行政管理思想。例如，人际关系理论注意到员工的积极参与、满意、合作以及士气与团体的凝聚力，有可能使生产效率得到提高，这种思想也影响到教育行政管理人员寻找方法提高教师和学生的积极性和主动性，以期最大限度地发挥他们的创造力。

高校教育的一般基本规律包括两个方面：首先，高校教育与社会协调发展的规律；其次，高校教育与受教育者身心全面发展相适应的规律。高校教育管理原则必须以这两个规律为前提，才能避免高校教育管理与高校教育工作者之间的冲突，从而最终提高管理效益。与一般的管理活动相比，高校教育活动存在一些特殊规律，它们构成了这门学科专门的研究领域。

第一，高校教育管理原则的特殊性。作为管理对象核心的人，高校与工厂不同。工厂管理者面对的是工人，工人生产的是没有意识的物品；高校教育管理者面对的是教师和学生。教师既是管理对象又是管理者，他们面对的是有意识的学生。学生既是被教师塑造的"产品"，又参与自身塑造，从这个意义上而言，学生也是管理者。因此，高校教育管理中要充分调动教师和学生的积极性和主动性，并为他们创造有利于独立思考、自由发挥的条件和环境。同时，由于教师和学生都是脑力劳动者，高校教育管理过程以知识为中介，有大量的学术问题，因此要注意行政管理与学术管理的统一。这也是高校教育管理的特殊性。

第二，高校教育管理原则的系统性。教育管理原则应构成一个系统，具有整体性、目的性和关联性。

高校教育管理原则体系的整体性在于，各原则围绕怎样提高高校教育管理效率这一目标结合为一体，没有一条原则能脱离原则体系整体而存在。只有存在于原则体系中，每一条原则才有它的功能。而且，原则体系的功能是以整体功能而论，而不以某一条原则的功能而论，原则体系的整体功能不等同于各原则功能的简单相加。各条原则只有在原则体系整体功能目标即提高高校教育管理效率的指导下，以合理的方式相互联系在一起并充分发挥各自功能，才能保证原则体系整体功能的实现。

高校教育管理原则是从事高校教育管理时应遵循的行为准则和基本要求。高校教育管理原则体系的目的性在于，利用原则指导具体的高校教育管理实践活动，使管理活动更符合客观规律，从而提高高校教育管理效率。高校教育管理原则体系的关联性是指涉及高校教育管理过程的各条原则应该相互依存、相互补充、相互制约。

（二）高校教育管理原则的内容

高校教育管理的基本原则应该是根据一般管理学的原理提出的，同时又特别适用于高校教育管理领域，它们必须全面、准确地反映高校教育管理活动的特点、本质与规律；它们在理论上是完备的，在实际工作中又是切实可行的，能覆盖整个高校教育管理活动领域，普遍有效地指导高校教育管理实践活动。根据上面对高校教育管理原则确立的依据分析，高校教育管理基本原则体系应该包括以下五个方面内容：

1. 方向性原则

管理是一种有目的的活动，管理工作必然有方向。管理成效的大小，主要决定于方向是否正确。任何管理都是为了实现一定的管理目标。管理目标是管理活动的前提，管理目标体现管理的方向。教育是培养人的社会活动，就其本质来说，教育必须与经济等相适应，并为其服务。不论哪种社会性质的高校教育，培养怎样的人都是一个根本问题，是高校教育目标的核心，它集中体现了高校教育管理的方向。

当前教育必须与生产劳动相结合，使受教育者成为德、智、体、美、劳等全面发展的社会建设者和接班人，这就明确规定了我国高校教育的服务方向、教育目的和实现教育目的的基本途径。

2. 高效性原则

所有管理活动的开展都是为了让管理效率、管理效益有所提升，管理效率或者效益主要是受到管理目标的影响。高校开展教育管理时要遵循高效性原则，该原则直接体现出了教育管理的本质以及教育管理的具体内容。高校在教育方面投入资源时，需要让资源发挥更大的作用，资源的投入必须获得一定的回报，也就是必须培养出更多的高级别人才，获得更多的高质量研究成果。也就是说，高校需要以高水平人才、高质量研究成果的获得作为资源的投入标准。而高效性原则要求通过投入最少的资源获得最多的高水平人才以及最多的高质量研究成果。高校教育在社会当中多个层面发挥作用，它既能够推动社会生产力的快速发展，也能够巩固当下的文明发展成果。在一定程度上，社会的持续发展需要依托教育。除此之外，科学的创新技术的发展也需要高校研究。

高校教育事业需要大量的资源投入，但是，高校本身的资源并不丰富，很多资源还需要从社会当中获取，而且社会的经济发展水平也会对高校资源产生一定程度的制约。在这种情况下，高校教育管理就不得不关注资源的使用效益，就不得不注重资源的转化率。所以，高校教育一直强调要遵循高效性原则。

3. 整体性原则

整体性原则主要受到两方面的约束，一个是高校教育系统本身的整体性，另一个是高校在培养高级别人才时所设定的教育目标。所以，综合来看，可以将整体性原则理解为高校在培养人才的过程中应该科学地协调组织其他部门工作，为人才培养提供有效支持。在协调组织的过程中，高校教育管理人员需要考虑到其他因素的综合影响。

高校开展教育活动最本质的目标是培养出社会需要的人才。人才培养除了涉及教学工作之外，还涉及思想教育工作、研究工作、后勤工作。学校除了关注人才知识的提升之外，还要关注人才社会实践能力的提升、科学研究能力的提升。也就是说，学校开展的并不是单一形式的教育，所以，学校开展的教学管理也一定不是单一的，而是涉及教育、社会、服务以及科学研究等诸多方面的整体性管理。在这种情况下，教育管理就一定和整个社会系统都形成紧密的联系，因此，必须把高校教育管理放在整个社会环境中考虑。

（1）高校教育管理要以培养人才为中心。各方面活动的开展都要服从于培养人才这个首要任务。

第一，要做好培养人才的决策和宏观控制，包括人才培养的预测规划、总体规模、发展速度、结构布局等，以及通过组织、计划、协调、立法、拨款、检查评估等手段，保证培养人才的数量和质量。

第二，就高校学校的管理而言，各部门的工作都要面向学生，教学和思想教育工作要遵循人才成长规律，科研、生产工作要与教学工作结合，后勤工作要为教学和科研服务，而不能各自为政，各行其是。

（2）发展科学技术文化，是高校学校的重要任务。随着现代科学技术日新月异的发展，高科技向现代生产力转化越来越快，高新技术产业在整个经济中的比重不断提高，科技在经济发展中的作用越来越大。

（3）正确处理科研和教学之间的关联，保证二者可以彼此促进，可以在人才培养方面发挥基本作用。需要特别注意一点，教学工作不单纯等于课堂讲授。

第一，教学活动除了学生间接的掌握教师讲授的知识之外，还涉及学生所掌握的学习方法、学习理念。所以，教学是涉及知识、学习能力培养、方法提升等多方面的过程。

第二，培养人才的时候，科学研究是非常重要的培养途径，在教学的时候引入科学研究有助于学生全面发展。

第三，在参与科学研究活动的过程中，学生的学习将会更加主动，学习目标会更为明确，也会积极地思考。在实践运用的过程中，学生的能力也会得到全方位提升，学生更容易形成创新意识、创新精神，也会以更加严谨的态度参与科学研究工作，注重伙伴之间的团结合作，注重师生之间的友好交流。除此之外，从教师的角度来看，教师可以更深层次地了解学生，可以开展针对性教学，这有助于培养学生的个性和特长。

第四，开展科学研究有助于学校教师自身学术水平的提升，在教师学术水平有所提升之后，教学内容也会更加充实，教学质量也会越来越高。所以，科学研究和教学之间应该是相互辅助的关系，而不是对立的状态。教师能够传递给学生掌握的知识是前人总结下来的知识，但是科学研究获得的知识是教师自主探索获得的新的知识。对于学生的成长来讲，两种知识都不可或缺。

综合来看，科学研究是源头，而教学是科学研究源头流出来的流水，科学研究应该一直比教学的脚步快。在教学过程中，已经总结出来的前人获得的知识不要求教师去具体地实践验证，但是，在科学技术快速发展的情况下，高校教师需要始终关注本学科的发展动态，并且积极地探索，这样才能保证教学和本学科的发展同步，也只有这样，培养出来的人才才能更好地适应现代化社会的发展，更好地满足现代社会建设的需要。

（4）直接为社会服务也是现代高校一项重要社会职能。高校的培养人才、开展科学研究、为社会服务这三项职能是相辅相成的。开展各种形式的社会服务，有利于加强学习与社会的联系，增进对社会需求的了解，增强主动适应经济发展和社会发展需要的能力；有利于高校的教学更好地理论联系实际，培养锻炼学生解决实际问题的能力，提高教学质量；有利于进一步发挥学校的潜力，充分调动教职工的积极性和主动性，通过有偿服务，为学校筹集一部分资金，以弥补办学经费之不足，用以改善办学条件和师生员工的生活条件。

但是，高校必须以培养人才为中心，衡量学校工作的根本标准是培养人才的质量和数量，绝不能只看经济收益的多少，搞短期行为，而不顾教学质量和学术水平。因此，一定要处理好培养人才与直接为社会服务的关系。必须统筹兼顾，加强管理，对收益进行合理分配，有利于调动各方面的积极性，特别是在教学一线工作的教师的积极性。

4. 民主性原则

高校教育与社会发展相适应的规律决定了高校教育是开放的系统。高校教育发展的历史已经证明，追求科学与民主是高校教育的重大使命。追求科学，可保证高校学校教学、科研的生命活力；发扬民主则是追求科学的保障。

（1）民主性原则是由高校教育管理封闭性和开放性相统一的规律所决定的。要办好既封闭又开放的高校学校，不发扬民主，不调动师生员工的积极性和创造性是不可想象的。因此，高校教育和高校学校进行重大决策时，都必须发扬民主。

第一，高校教育管理的民主性原则可以表述为：依靠广大教职工和学生民主管理学校，动员社会力量参与高校教育管理。高校教育领域人才荟萃，学术思想活跃，高校教育管理工作必须注意充分体现学术自由的特点。高校的教学与科研，就其本质而言是学术活动，需要充分的思想自由，需要民主制度做保障。因此，对高校教育实行民主管理具有特殊的重要性。

第二，从管理对象的角度分析，高校当中教师和学生都是被管理的对象，但是，与此同时，他们又是学校管理的主体。教师和学生需要通过科学研究探索，进行知识生产，而这一系列活动的完成依赖的都是师生本身的积极性以及主动性。在教师和学生积极主动探索的情况下，教学管理目标才能实现。教师需要负责实施学校的培养计划，需要按照教学大纲培养人才，与此同时，教师还要探究教学方法以及内容，努力进行教学内容和方法方面的创新改革，这一切都依赖于教师的主动性。与此同时，在教学改革创新的过程中，也需要学生积极主动配合。除此之外，学校其他方面的管理也需要激发师生的积极性、主动性，学校领导应该和师生之间建立信任关系，应该及时完善管理措施。一个学校想要真正地做好管理工作，那么必须激发教师的主观能动性。与此同时，让学生成为管理主体，真正参与学校决策的制定。

（2）大学管理工作的有效开展需要管理者掌握学问。大学管理工作是非常复杂的。通常情况下，一个高级院校当中会涉及较多的专业课程。与此同时，还有教学工作、科研工作、思想教育工作、后勤工作以及校内外关系工作。这些工作的开展需要众多的人员支持，并且，不同的工作之间存在一定的交叉，在这种情况下，工作就变得非常复杂，但是，学校的领导不可能了解所有专业，不可能了解所有工作的方方面面，所以，必须调动职工的主动性，让职工共同参与到管理当中，这样学校才能有好的发展。学校在制定各方面的重大决策时，一定要听取教师以及其他管理人员的意见，尤其是专业教授，他们是某一个领域的专家，听取他们的意见有助于做出正确的决策。同时，教授在学校有较大的影响力，他们所认可的决策更容易获得全校师生的支持决策，可以更好地在学校内部推行。

在高校管理过程中，一定要注重多方位地听取专家学者的意见。因为学校涉及众多的专业学科，学术性非常强，所以，在管理过程中需要坚持学术自由，需要赋予广大师生决策权利。当下社会发展对人才对教育提出了越来越多样化的需求，因此，高校应该结合自身条件以及发展背景创造出本校的特色。这样培养出来的人才也可以更好地满足社会的发展需要，学校也能够通过学校特色的打造来提高自身在社会当中的知名度。

（3）民主性原则要求制定决策民主化、执行决策民主化和评定决策执行结果民主化。高校教育管理中，决策工作要充分发扬民主精神，这种民主精神体现在，让被管理者民主地参与决策过程，这样可以集思广益，提高决策的科学性，使之更切合实际。

管理者要随时了解和掌握决策的执行情况，在此基础上调整和改进决策的执行方案和方法，在这一过程中，不论是了解执行情况还是调整、改进执行的方案和方法，都离不开民主作风。管理者应该秉公办事，在处理公务时要尊重下属，虚心向他们求教，及时地对方案和方法的执行情况进行调整和改进。

决策执行结果的评定，不仅关系到对本决策的制定者和执行者工作的评价，而且关系到下一个决策的制定和执行。评定工作要贯彻民主原则，有利于激发和强化决策者和执行者的工作热情，有利于发挥和发展他们的创造性，最终有利于高校教育管理效益的提高。

5. 动态性原则

事物具有动态性特点，管理过程也是一样，管理过程当中的要素不可能一直处于稳定状态，一定会发展变化，要素之间的关系也会持续变化。所以，在管理过程中，需要考虑到管理对象以及管理条件方面的变化，实时地做出管理方面的调整。

我国正处于转型时期，社会当中必然会出现很多变化，高校教育也是一样，它需要适应外部环境的变化，以此来满足社会发展需要。而一个开放的系统可以更好地协调内部的其他子系统，对突发事件做出快速反应。高校管理当中涉及的各种组织结构、各项人员都应该处于动态开放的管理状态下。

科学和技术飞速发展的情况下，社会要求高校教育做出改变，高校教育应该更加关注社会需要，应该更好地为社会服务，应该关注经济发展需求。所以，高校教育必须进行改革创新。从高校的角度来看，学生在动态变化、动态出入，教师队伍也在实时更新和调整，外在的经济环境、科学技术发展环节也在不断变化。所以，高校也需要改革，这样才能适应学校发展内部和发展外部的各项变化，所以，可以把动态性原则理解成高校应该为了适应各种变化而开展持续性改革。动态性原则要求人们做到以下方面：

（1）以发展的战略眼光看问题。任何事物都不是静止不变的。只有改革才能促进教育发展，教育要发展则必须不断地改革。

（2）处理好变革与稳定的关系。在变革不适应部分的同时，要继承高校教育合理的内核，既不能墨守成规、抱残守缺，坚持既成的体制和维持现状，也不能全盘否定以往的经验。

（3）要注意不能朝令夕改，尤其在高校教育改革方面要持慎重的态度。高校教育管理的动态性，从根本上，是由高校教育必须与社会的经济、科技、文化等要求相适应这一基本规律决定的。由于社会是不断发展的，高校教育也必须随着社会的经济、科技等内容的发展不断地改革，以适应社会发展的需要。高校教育管理对象和外部条件的这些变化，管理工作中不断出现的新情况，需要不断地总结新经验，解决新问题。

第三节　高校教育管理改革与重要价值

一、高校教育管理改革

（一）高校教育管理理念的改革

先进的高校教育管理理念，是教育管理蓬勃发展的前提与基础。随着经济社会步入信息化时代，高校教育管理者既要具备基础的教育管理能力，也要具备以下几种先进的教育管理理念：

一是主动适应变化理念。主动适应变化理念是指教育管理工作者应该积极把握信息化社会对人才的现实需要，适时调整教育管理理念，以顺应时代的变化趋势与发展潮流。主动适应变化理念是高校教育管理强调适度分权原则的指导思想，无论是内部要素的变化，还是外部环境的变化，都需要教育管理工作者采取灵活的态度予以应对。

二是全面质量管理理念。全面质量管理（Total Quality Management，简称TQM）主张将质量作为组织核心，将全体成员的共同参与作为组织的根基，管理的目的在于提高顾客的满意度，使组织全体成员和社会都能从中受益并获得持续发展的动力。全面质量管理理念最早可以追溯到美国企业的经营与管理思想，该思想旨在要求企业肩负起对顾客和全体社会成员的责任。

在高校教育管理实践中，全面质量管理理念的实施，具体包括以下三个方面的内容：第一，质量管理的全过程性。高校教育管理要以教育目标为中心，使教育教学管理工作能够实现科学化、有条不紊地开展，就必须强化全过程质量管理与控制，并重点做好各个环节的对接工作，确保不同环节可以实现有效衔接，从而确定每个环节需要满足的质量要求。第二，质量管理的全方位性。高校教育教学环节的全面管理，必须充分考虑影响教学质量的各种要素。比如，后勤服务部门、综合管理部门自身工作情况的好坏，都将直接关系到学校的教学质量和工作水平，这是目前国内高校教育管理必须面对的发展现实。第三，质量管理的全员参与性。在教育管理过程中，高校各个部门、全体教职工和学生，都应该积极主动地参与教学质量管理工作，不断提高学校整体的教学水平，为社会培养高素质的专业人才。

（二）高校教育管理计划的制订

1. 制订高校教育管理计划的要求

教育管理计划应该满足以下要求：

（1）客观性。高校教育管理计划的制订，应该根据市场经济的发展需要，设计多元化的人才培养方案，并充分顾及未来环境发生变化的可能性，科学构建人才培养的智能体系。

（2）灵活性。为了方便学生尽快找到与自身发展潜力相匹配的学习模式，高校应该尽可能为学生提供灵活多样的学习方式。

灵活制订高校教育管理计划，可以具体参考如下方法和建议：首先，高校教育管理可以采用完全学分制。随着信息技术的普及与应用，远程高等教育呈现出蓬勃发展的态势。学生可以借助网络随时随地地学习，不受时空限制。其次，高校教育管理可以灵活安排教学活动。信息技术的充分运用，能够有效拓展学生的选择空间。最后，高校教育管理可以根据学生的不同特点，设计与学生个性相匹配的教学活动，将学生培养成综合素质高、专业能力强、认知范围广、眼界开阔的全能型人才。

2. 制订高校教育管理计划的程序

制订高校教育管理计划的程序包括：社会更广泛的调查，经济和信息技术应用的人才技术发展的需求，对培养目标和业务类示范专业分析；了解有关文件精神和规定的注册研究；提出的意见和部门的学校教学计划的要求；（所）主持制定教学纲领，系（院）教学委员会进行审议，由学校教学工作委员会复审核查，核查签字后由执行校长签字确认。

3. 制订高校教育管理计划的内容

确定合理的专业人才培养目标，以及设置合适的专业人才培养课程，是制订高校教育管理计划的重要内容。由于高校教育管理的质量标准和课程设置与人才发展密切相关，所以专业人才培养目标的确定与专业人才培养课程的设置，成为研究重点关注的对象。在确立专业培养目标以及设置课程方面，调查方法应用的基本步骤主要包括：第一，根据理论分析，提出备选方案；第二，分发调查问卷，让受访者从备选方案中选出符合个体意见的选项；第三，根据问卷的有效回收数量，统计并分析调查结果，从最大到最小对选项的被选择次数进行排序；第四，确定可以决定选项所占比重大小的规则。在整个调查过程中，利用网络收集有效信息，借助计算机技术分析调查信息，得出有价值的统计结果，是制定高校教育管理计划内容的关键所在。

与此同时，高校教育管理计划内容的制订，还应该注意以下几点：①可靠预测、科学把握毕业生的就业率，确保毕业生符合社会的人才需要。②引进优秀教师，完善教材、生活设施和实验仪器的配备流程。③构建专业的教育模式。在当前形势下，教学信息的获取以及知识的学习过程，正在变得越来越容易，而整合、创新知识正变得愈加困难。因此，有必要重点提高学生的综合素养。④结合学校的地域优势，加强学科建设。⑤及时调整热门专业与冷门专业的招生人数，培养能够满足社会需求的专业人才。

在信息时代，高校教育管理工作的实施应该遵循两项原则：①按课程登记注册表或制度执行程序将教学计划分成年度教学计划和学期教学计划，制订工作时间表，提前安排好教学任务和教学地点等。②制订包含社会实践、实习、实验教学、培训等内容的教学组织计划，并在此基础上，创设能够有效开展教学活动的氛围，促进师生与教育管理工作的有机结合，这是高校教育管理计划实施的内部要求和外部条件。除此之外，在计划实施过程中，还应该注意以下五点内容：①要认真贯彻教育管理精神，认真落实教育管理计划，在特殊情况下可以适当调整教学计划内容。②在实际操作中，要注意精心挑选计划材料，按照教学大纲的要求开展教学活动。③增强师资队伍的凝聚力，保证教学活动的内容与教学大纲的内容基本一致。④制订教学质量评估计划，并严格监督计划的实施过程，利用计算机技术实现教育质量的自动化监测与反馈。⑤按照教学计划强化教学组织与管理工作。

（三）学生培养方式与管理模式的改革

信息时代科学技术的不断创新，对高层次人才的培养提出了新的要求，这使得改革人才的管理模式和教育方式显得极为必要。在大数据背景下，高校学生培养方式与管理模式的改革，主要表现出以下三个方面的特点：

第一，将"参与式"教学法运用到教学实践活动中。这种教学方法的特点是：教学活动的设计比较开放，提问式题目通常没有标准答案。由于论文写作任务并不繁重，学生能有足够的时间和空间自由地思考。学生利用网络搜索引擎在搜集信息、解答问题的同时，可以完成知识的内化与吸收。利用这种学习策略，学生不仅拥有了借助网络搜集信息的能力，还能主动掌握更多的背景知识。与此同时，为基础不同的学生提供个性化的指导与培训，并根据每位学生的特点，确立合适的培育目标，制订严格的教学计划，这种培养方式与管理模式能够确保每位学生都可以实现更好的发展。

第二，强化实践教学，增强学生的实验操作技能。实验资源匮乏通常会严重阻碍实验教学活动的顺利进行。利用仿真实验方便学生模拟操作，不仅可以有效降低试验成本，还可以为学生提供不限次数反复实验的机会，有助于学生熟练掌握所学知识。对于实验环境比较复杂或者实验过程非常危险的情况，借助计算机网络软件的虚拟实验室功能，学生的实践学习需求基本上能够得到满足。

第三，借助跨学科教学实践为社会培养全能型人才。在信息技术飞速发展的当今社会，由基础学科交叉形成的新兴学科的不断涌现，要求高校必须建立跨学科人才培养机制，打破不同专业之间的技术壁垒，创建具有现实可行性的跨学科人才培养体系。跨学科性质的必修课程，涉及理学、文学、工学等领域，这些综合性的基础课程能够培养学生的分析技能和创新思维。

与此同时，为学生选择专业、课程和教师提供指导，有助于学生根据兴趣制订适合自身综合发展的长远目标，并顺利完成自学任务。高校应该完善课程体系，把握好交叉学科的增长优势，积极组织学科背景不同的专业师资队伍，认真组织多元化的教学活动，为学生配备专业水平各异的优秀教师，创新跨学科教学手段，培养学生的跨学科创新意识，促使学生将学到的知识与技能，应用到新领域的探究过程中，从而推动学生逐渐地成长为社会需要的全能型人才。

学生培养方案发生改变，无疑将影响学生的教育模式与管理方式。当前，我国高校普遍采用了计划经济时期建立的学分制。在信息时代的大数据环境中，高校管理学生有必要选择个性化的方式，构建"以学生为本位、以学生为主体、以教师为辅助"的教师管理系统和学生服务中心。建立这种管理模式的具体操作步骤如下：一是建立社区管理部门，负责学生的心理咨询、紧急救援、科学研究和学习指导等内容；二是依托学生的学习兴趣，废除传统的组班制度，由师生自愿组成15人以内的整体；三是在优秀学生的帮助下，为低年级的学生提供免费的辅助和指导。这种管理模式能够实现学生的自我教育、自我管理、自我服务，有效提高学生的综合素质，助力学生的长远、健康发展。

（四）高校教育中课程教学体系管理的改革

信息时代知识的重要性，正在变得日益显著。高校教育中课程教学体系管理改革是高校教育管理改革的前提与基础。在评估高校课程教学体系的过程中，需要注意以下内容：第一，课程体系的整合程度与深入研究不同学科内容密不可分；第二，课程数量与课程内容的丰富度成正比，课程数量越多，课程内容越丰富，课程体系越完整；第三，科技的变化与发展，要求高校课程体系必须具备及时调整与不断更新的能力；第四，课程体系的内部层次与外部结构必须做到配合完善、相互协调。根据上述评估标准优化课程的设计体系时，应当注意以下几点内容：

第一，在课程教学体系中，及时融入最新的科研成果，调动学生的学习积极性，提高教学内容的科学性、创新性、前沿性、思想性，促进网络教学与课堂教学的深度融合，以及在线教学活动的有效开展。

第二，重视跨学科课程建设工作，推动文学课程与理学课程的相互渗透，关注交叉学科与综合学科的建设进程。

第三，创建教师激励机制和竞争机制，重点培养并关爱优先引进的青年教师，加强师资队伍建设。

第四，"重点总结近几年课程体系改革积累的经验，并在实践中不断充实和完善教学内容，促进教学改革的稳步推进。与此同时，增加课程的数量与种类，丰富课程教学内容"①。

第五，合理设置课程比例。目前，高校普遍实施学分管理制度。与必修课的学分设置情况相比，高校选修课学分占比普遍较低。因此，在选课系统中增加必修课程，在课堂教学中引入选课义务机制，在整体的层面上，有助于学生根据自身兴趣和专业方向，理性选择所修课程。

二、高校教育管理的重要价值

高等学校是为社会输出高等人才的基地，因此如何促进学生健康发展是高校教育管理的重点，而高校教育管理工作的良好开展，对推动社会的进步、促进高等学校的可持续发展和提高大学生个体的成才具有重大意义。

价值属于经济学范畴用词，商品生产的出现导致了价值概念的产生，凝结在商品中无

---

① 李彬，王斌. 互联网+时代高校学生管理模式的转变及创新研究——评《高校学生管理创新模式研究》[J]. 林产工业，2019，56（10）：71.

差别的人类劳动就是经济学中价值的概念。随着社会的发展与科技的进步，价值的范畴进一步扩展，在道德、科技、教育和管理等各个领域中都得到了广泛而充分的应用与发展，逐渐成为人们评价一切事物的一般标准。由此可见，价值又在哲学意义上做了引申。客体对于主体的作用和意义是价值在主体意义上的定义，是对客体的属性和功能与主体的需要之间的特殊关系的体现，即客体属性和功能对主体需要的满足关系。

此处价值又在一个关系范畴之中，主客体的存在是其存在的必要条件，具体可分为两方面：①主体的需要对价值的衡量具有重大意义，是衡量价值的标尺，判断事物或对象是否具有价值，也需要看该事物或对象是否可以满足主体的需要，由此可见，价值离不开主体。②客体的属性和功能是价值的载体，价值的实质，也就是客体的属性和功能对主体需要的满足，由此可见，价值同样离不开客体。

作为社会输出人才的高等学校，高校教育管理的意义重大，它本身的属性和功能既满足了大学生成才的需求，又满足了社会进步的需求，同时反映到高等学校自身发展上，也满足了高等学校自身发展的需求，由此可见，高校教育管理亦具有较高的价值。关系范畴的价值主客体缺一不可，具体到高校教育管理的价值，其主体就是社会、高等学校和大学生，客体就是高校教育管理本身。

第一，作为客体的高校教育管理本身。高校是为社会输送各种各样人才的基地，高校教育管理对人才的形成、培养和成长都具有极大的推动作用，而对高等学校而言，高校教育管理直接影响着高等学校的发展，高校教育管理做得优秀，为社会输送的优秀人才增多，高等学校的知名度加大，对高等学校的未来发展尤为重要，所以高校教育管理的价值是建立在高校教育管理本身的属性和功能上的。

第二，作为主体的社会、高等学校和大学生。高校教育管理的最终目的是为社会输送合格的人才，高等学校是高校教育管理的实施者，大学生是高校教育管理的管理对象，社会是检验高校教育管理成果的试金石。综上，高校教育管理的价值就体现在其属性和功能对社会、高校和大学生需要的满足上。

（一）高校教育管理价值的特性

第一，即时性与积累性。高校教育管理价值的实现是需要一个过程的，满足价值主体需要的过程时间长短不一，所以高校教育管理价值具有即时性和积累性两个特征。短时间内，价值主体能够从高校教育管理处得到很好的满足，即高校教育管理价值具有即时性。例如，针对家庭经济困难的学生，及时办理相应的助学贷款，从而能够让他们安心地在大学进行学习与生活。若想达到高校教育管理价值的工作目标，需要对高校教育管理工作进行不断的积累，工作积累是一个长期的过程，即高校教育管理价值具有积累性。例如，为学生提供一个教学有序的环境，从而推动大学生的良性发展。

第二，直接性与间接性。作为高校教育管理价值的主体，即社会、高等学校和大学生，这些不同的主体受高校教育管理的作用方式不同，有直接作用和间接作用之分，即高校教育管理价值有直接性和间接性两个特点：①高校教育管理价值的直接性，是指没有中介环节，高校教育管理能够直接满足价值主体的需要。通常而言，高校教育管理能够直接地产生作用与影响的价值主体是高校大学生，即高等教育管理的实施是直接作用于学生个体的。②高校教育管理价值的间接性，是指需要通过中介环节，高校教育管理才能满足价值主体的需要。通常而言，高校教育管理通过对大学生的影响，才能间接影响到社会的发展。

第三，受制性与扩展性。因为高校教育管理是直接面向大学生实施的，大学生在学习和工作中会受到多种多样因素的影响，因而高校教育管理价值也会受到多重因素的影响，高校教育管理价值的受制性就表现在此，其可以大致分为正反两方面的影响：①当影响大学生的因素与高校教育管理作用的方向一致时，高校教育管理更容易发挥成效，高校教育管理的价值更易实现。②当影响大学生的因素与高校教育管理作用的方向相反时，高校教育管理的成效就会受到负面影响，其价值就会难以实现。

以上阐述的是各种因素对大学生的影响与作用，高校教育管理价值的扩展性所讲的内容正好与之相反，是指高校教育管理可以通过直接影响大学生的一言一行，从而间接影响外部环境与因素，从而扩展了高校教育管理自身的价值。例如，高校教育管理对科技创新的倡导，会直接影响与激励学生参与到科技创新的活动中去，从而间接影响到学校有关科技创新方面的发展，再进一步提高学生科技创新的能力和水平。

第四，系统性与开放性。高校教育管理价值是由多种角度和多种类别构成的有机整体，具有较强的系统性，此处可以将高校教育管理价值按照各种不同的角度来进行分类，多方面解读高校教育管理价值的系统性，主要包括两个方面：首先，按主体分类。按主体分类可以分为社会价值、高校集体价值和个体价值。社会价值体现在高校教育管理对社会运行与发展的作用；高校集体价值体现在高校教育管理对高校自身持续性发展的作用；个体价值体现在高校教育管理对大学生个体的培养和长远发展的作用。其次，按形式分类。按形式分类可以分为理想价值和现实价值。理想价值是高校教育管理不受任何因素影响，以最理想的状态实施运作，最终实现最终价值的状态，而现实中往往有各种各样的影响与阻碍，现实价值是在现实条件下正在实现或者已经实现的价值状态。最后，按价值高低分类。按价值高低分类可以分为高价值和低价值。高校教育管理价值是具有开放性的。随着价值主体和高校教育管理功能的变化与发展，高校教育管理的价值也会随之发展。社会发展日新月异，作为高校教育管理服务对象的大学生也在不断发生新的变化，服务对象的改变必然会导致高校教育管理的相应改变，以期适应于管理对象，扩展管理的价值。例如，信息时代的到来，计算机网络对学生的影响越来越深，面对这种新情况，高校教育管理要及时关注并规范大学生网络的使用，从而跟进高校教育管理在网络中的价值扩展。

（二）高校教育管理价值的内容

高校教育管理通过培养与输送合格的高等人才作用于社会，虽然形式是间接的，但其社会价值对社会的影响仍然是广泛而深远的。高校教育管理价值的内容主要包括以下方面：

1. 培养合格人才的重要方法

随着社会的发展，对人才的需求尤其是对高素质人才的需求越来越多，作为需要不断向社会输出人才的高等学校责任重大，高校教育管理的中心任务具体体现为：为社会培养出一批又一批的专业人才，从而促进社会的进步与发展。高校教育管理在高校培养人才的过程中扮演了重要角色，是高校培养人才的重要手段，意义重大。

（1）维护正常的教育教学秩序。高校规章制度的实行可以帮助高校教学活动良好有序的展开，高校教育管理对高校教育教学秩序的维护是高校有效开展教学的保障。具体实行中，高校教育管理可大致分为以下方面：

第一，高校教育管理要按照一定的制度对学生的学籍进行严格的管理。对学生的入学与注册、课程和各种教育环节的考核与成绩记载、转专业与转学、休学与复学、退学、毕业与结业等各项工作做到明了和有序，帮助高等学校建立正常的教学秩序，从而使其能够顺利地开展各项教育工作。

第二，具体到学生群体，高校教育管理要对学生群体进行系统又全面的学习管理，从而对学生形成一种正向的督促与激励，如规范学生行为、督促学生遵守纪律等，对良好学风的养成和教育教学秩序的正常建立十分有利。

第三，高校教育管理对学生团体的管理和引导，对建立正常的教育教学秩序具有很强的促进性。综上，高校正常的教育教学秩序的建立是离不开高校教育管理的。

（2）培养学生的思想品德。随着社会的发展，不仅对人才专业技能的要求越来越严格，对人才的思想品德和能力素养方面也同样开始着重关注起来，所以一个符合社会需求的人才必然要德才兼备。在大学生接受高等学校的教育过程中，不仅要对其进行深入细致的思想教育，还要以高校教育管理为辅助，督促大学生以良好思想品德为思想基础的行为习惯的养成，持续地规范大学生行为，促使大学生由他律转向自律。

现实情况中，大学生各个方面的发展都还不成熟与稳定，且每个学生的个性全不相同，再加上思想基础上的不同，大学生接受思想教育的意愿就显示出了一定的差异，因此，大学生在自律方面尚有欠缺且存在不同程度的差异。若要提高高校学生的自理、自律水平，加强高校学生遵循社会规范的自觉性，促进高校学生良好行为习惯的养成，就需要以思想政治教育为主，以高校教育管理为辅，双管齐下，最大限度地推动学生自理、自律能力的提升。

高校可以利用高校教育管理功能，切合实际情况制定科学有效的规章制度，各项规章制度的严格执行，不仅对学生的行为管理和纪律约束产生强化作用，还可以使大学生的学习和生活都处于一种良好有序的状态，最大化地提升大学生思想政治教育的成效。

（3）激励、指导和保障学生的学习行为。教学虽然是组合在一起的词语，但"教"与"学"是两种不同的概念。从"教"与"学"中可以明显看出这是两种动作，代表着教师和学生的双向互动，因此，教学的过程中"教"与"学"也是辩证统一的。在"教"与"学"的过程中，前者是主导，后者是关键。对大学生而言，学习是其主要任务，能否完成学习任务关系着大学生能否成为一个合格的人才，在这种情况下，高校教育管理就扮演着激励、指导和保障其顺利完成学业的重要角色。以下对这三个方面进行具体阐述：

第一，激励作用。高校教育管理可以引导学生对学习的意义产生正确的认知，让学生明白学习是实现其自身价值的重要途径，学习目的的明确也可以调动学生学习的主观能动性；奖学金和荣誉称号的设置，对优秀学生的表彰等行为，也可以激励学生全身心地投入到学习中；在大学学习中引入竞争机制，组织各种具有竞争性的学习赛事，同样可以调动学生学习的积极性。

第二，指导作用。新生入学以后，高校教育管理可以引导学生熟悉大学教育环境与内容，使他们能够尽快把握大学阶段的学习特点和要求，尽快从被动性学习转向主动性学习；在大学学习的过程中，高校教育管理要引导学生及时发掘自身特点，根据社会实际的需要制订适合自身的职业规划，后期督促学生根据自身的职业方向明确学习目标，进而进行有计划有目标的学习；学生明确学习目标和规划后，良好的学习方法的把握也是较为重要的，高校教育管理应给予学生一定指导，促使学生良好学习习惯的养成，进而快速提升自身的学习；在高校进行学习时，大学生社会实践活动的开展也是促进大学生学习必不可少的一项内容，大学生不仅要掌握专业的理论知识，对专业理论知识的实践也是学习过程中的重要环节，在实践中对专业理论知识的理解和应用有助于大学生自身专业技能的加强与提升。

第三，保障作用。高校学生来自全国各地，每个学生的家庭经济状况都不相同，高校教育管理应切合实际，加强资助管理，对家庭经济困难的学生切实地做好助学贷款和助学金的发放，并对学生的勤工助学活动做必要的指导，从而帮助学生顺利完成学业。大学生的心理健康也是高校教育管理需要关注的一个方面，对学生进行及时的心理辅导，帮助学生缓解并逐渐克服学业焦虑，可以有效地帮助高校学生建立正常的学习与生活秩序。

2. 构建和谐社会的具体要求

（1）高校教育管理是维护社会稳定、实现社会安定有序的重要保证。高校是高等人才的培养基地，是不断地为社会做着人才输出工作的，从高校输入社会的人才直接影响着社会是否能够稳定有序的发展，因此，社会稳定的重要方面就是高校的稳定，而高校能否稳定，高校学生是关键。高校学生的思想尚未成熟，呈现出明显的矛盾性。例如，高校学生普遍关注国家发展情况，对时事也有一定的了解，崇尚自由与民主，对政治方面也有较强的参与意识，但相对而言，他们的经历与社会生活经验匮乏，不具有良好的辨别力。另外，高校学生年纪较轻，生活阅历较少，情感共鸣能力较强，这种特性使高校学生形成了热情勇敢的个性。大学生群集于高校校园内，若高校教育管理不能进行有效的干预与引导，一些不良的信息和倾向很快会在学生群体中扩散，不利于大学生自身发展的同时还会对社会造成不可预估的影响。综上所述，高校教育管理若能够正确地引导高校学生的思想、学习和生活，及时处理学生间的突发事件，妥善解决学生在高校生活中的各种问题，就能有效地促进高校的稳定，高校的稳定继而会对社会的安定有序产生积极的作用与影响。

（2）高校教育管理是构建和谐校园的重要手段。高等学校是现代社会中不可或缺的重要社会组织，担负着培养人才、推进科技进步、传播先进文化的重要任务。构建和谐校园，是构建和谐社会题中应有之义，也是推进高等学校科学发展的内在要求。

第一，加强高校教育管理，引导和组织大学生积极发挥在和谐校园建设中的主体作用，是构建和谐校园的重要保证。

第二，加强高校教育管理，建立和完善学生参与民主管理的组织形式，引导、支持和组织学生依法参与学校的民主管理和实行自主管理，切实维护和保障学生在校期间享有的权利，引导和督促学生全面履行义务，自觉遵守国家法律和学校管理制度，能够有力地推进高等学校的民主建设。

第三，加强高校教育管理，妥善地协调学生与学校、学生与教师之间的关系，维护学生的正当利益，实事求是地评价学生的思想品德和学业成绩，公正地实施奖励和处分，正确地处理学生中的各种矛盾和问题，可以使公平正义在校园中得到弘扬。

第四，加强高校教育管理，督促学生在学习考试、科学研究、人际交往和日常生活中坚持诚实守信，引导学生尊敬师长，友爱同学，团结互助，才能在校园中形成诚信友爱的良好环境。

第五，通过高校教育管理，充分调动学生的积极性和创造性，围绕专业学习，开展丰富多彩的社团活动和社会实践活动，鼓励、组织和支持学生开展科学研究、进行创造发明、尝试创业活动，才能使校园真正充满活力。

第六，通过高校教育管理，建立和维护学校正常的教育教学秩序和生活秩序，加强学生的安全教育和管理，保障学生的身心健康，有效地预防和妥善地处理学生中的突发事件，努力建设平安校园，才能使校园实现安定有序。

第七，通过高校教育管理，引导和督促学生自觉维护校园环境，节约使用水、电等各种资源，才能使校园成为人与自然和谐共处的生态校园。

（3）高校教育管理是促进高校学生集体和谐发展的重要手段。高校学生的班级、学生会、社团等都是高校学生在高校内团体生活的主要表现形式，这些团体活动包含了学习和生活等各方面的因素，对高校学生的思想有着直接而有力的影响。高校学生集体的和谐发展，不仅可以促进学生个人的健康成长，对高等学校内部的和谐稳定也有积极的影响和作用。

高校教育管理可以有效地规范大学生的集体活动，对大学生集体活动的和谐发展意义重大，主要通过以下三个方面进行探讨：

第一，高校教育管理可以指导高校学生集体自觉遵循学校规章制度，以高校人才培养和学生自身发展为中心，开展多样的集体活动，有效地发挥高校学生的主观能动性，促进高校学生集体发展和学校发展统一。

第二，高校教育管理可以增强高校学生的集体建设，即思想建设、组织建设、制度建设和作风建设等，加强高校学生间的团结互助和沟通交流，促进个体的良好发展。

第三，高校教育管理可以规范高校学生的集体秩序，正确处理各类集体之间的关系，在面对大的活动的时候，高校各学生集体间要加强沟通，争取互相之间的协调配合与支持，使大学生形成自我教育与管理的合力，促进高校内各学生集体的团结互助与和谐发展。

第二章 高校教育管理工作的多元化

第一节 高校学生教育管理工作

一、高校学生教育管理工作——学习

对大学生的学习活动实施有效的管理，是高校实现培养目标的重要保证，是学生管理的重要内容。

（一）学生学习管理的原则

对学生学习实行科学管理，必须依据大学教学过程的规律、大学生身心发展的特点，依据社会发展对专门人才的客观要求，制定管理原则和管理方法。大学生在思想上有较强的独立性，倾向于独立观察、分析和思考，自我实现和创造的欲望比较强烈，社会阅历较少，渴望参加社会实践活动等。现代科学技术的高度分化和综合，知识的更新速度加快。所有这些要求高校必须重视对大学生专业知识的拓宽和能力的培养，改革教学内容和方法，改革旧的学习管理制度，遵循一定的管理原则。

第一，严格管理与灵活自主结合的原则。根据大学生思维发展相对成熟等特点，应该扩大学生学习上的自由度，学习上给学生更多的自主性和选择性。对学生的管理要活，活而有序。学习管理的改革要破除"课堂中心、书本中心、教师中心"的框框，创造条件，使学生通过多种渠道、多位教师和多种学科来学习。本着让学生"学精、学好、学活"的原则改革教学管理，给学生以充分的自学时间和学习的自主权，提高学习质量。

第二，民主管理与因材施教结合的原则。高校学生学习管理应当坚持面向全体、关注优秀学生、帮助后进生的原则。要因材施教，照顾学生特点，努力发现拔尖人才。对有发展前途与特殊才能的学生，应从学习管理规定上给他们较为宽松灵活的选择专业、选择教师的权限，允许提前毕业、免试推荐研究生；对由于主客观原因而学习有困难的学生允许延长学习年限。严格把好质量关，对不适应继续学习的学生应当实行淘汰制，通过合理的优胜劣汰，促进人才的快速成长及其质量的提高。

第三，学习管理与思想教育结合的原则。学生的学习与学风有很大的关系，学生管理工作必须注重抓学风建设，要培养大学生养成勤奋、严谨、求实、创新的良好学风，需要通过对学生学习的科学管理，提供正常的教学秩序、安定团结的学习生活，实施优质的教育教学活动，严格要求，加强质量考核和必要的纪律约束，端正学习动机，不断激发学生的学习兴趣，提高学生学习的积极性、主动性和创造性。另外，形成大学生良好的学习风气，不仅仅是学生学习管理的问题，它还涉及整个学校的工作，需要学校领导干部好的党风、学风的积极影响，需要学校全体教师为人师表的良好教风的带动，需要对学生加强有理想、有道德、有文化、有纪律的教育，增强对大学生学习管理的效果。

（二）学生学习管理的过程

大学生的学习过程包括预习、听课、讨论、复习等相互联结和依次过渡的环节。大学生的学习过程是高校教学过程的一个重要方面，要提高教学效果，必须加强对每个学习环节的有效管理及控制。高校学生学习管理过程包括以下方面：

1. 预习

预习是学生根据教师指定的学习范围，在课前通过自学教材和参考书籍为听课做好准备，奠定基础的环节。预习是学习的第一步，凡是学习新课程一般都应该先预习再听课。做好课前预习，可以引导学生的自主思维，提高学生学习的主动性和目的性，培养学生独立思考、分析问题的能力和自学能力，加深对教学内容的理解和记忆，提高学习效率和教学效果。

加强对学生预习活动的指导和控制，是做好预习的重要条件。首先，指导学生善于预习，学会科学的读书方法。预习是为有目的、有重点地听课做准备，所以，应该指导学生在预习中了解教材全貌，粗略知晓将要学习的大概内容。为了提高预习的效率，可以采取"扫描式"和"跳跃式"的阅读方法，以抓住教材的筋骨脉络，以发现疑难问题为主，鼓励发散性思维和多提问题。其次，激发学生的预习兴趣。引导学生体会预习的乐趣和效果，发现问题，激励学生通过自己的课前钻研，主动地探求知识。教师教学要考虑到学生预习的作用，在学生充分预习的基础上，教师讲授时要着重讲清学生理解不透的重点、难点和分析问题的要点。凡是学生通过预习已经领悟的问题，一般可以不讲。最后，教育学生坚持预习，养成习惯。预习能起到事半功倍的作用，只要持之以恒，形成习惯，讲求方法，防止流于形式，对学生专业知识的学习和能力的提高会产生很大的促进作用。

2. 听课

课堂听课是学生获得知识最主要的途径，是学生学习最主要的形式。在教学过程中，学生是学习的主体，一切教学措施最终都必须通过学生的学习活动体现其成效。任何人都无法以任何方式代替学生的学习认识活动。基于这个认识，学生听好课堂讲授，是关系到学业成绩优劣的中心环节。

对听课过程实施有效控制，提高听课效果，首先，要求学生必须"四要"，即眼要看、耳要听、手要写、心要想，"眼、耳、手、脑"并用；教师应尽可能地采用多种教学手段，发挥多种传播媒介的综合效应使学生对学习材料丰富、生动具体的感知达到深刻、全面认识事物的目的。其次，要恰当地处理好听课与做课堂笔记的辩证关系。课堂笔记本身能起到备忘、补遗、指示重点、帮助复习的作用。学生在听课时做好课堂笔记，可以加深对知识的理解，提高听课的效果。听好课是做好笔记的基础和前提。要使学生避免只顾低头记笔记而忽视听和看的问题，应该指导学生做笔记学会抓"重、难、详、略"，对重点、难点和没有听懂的问题，做详细记录，以便课后进一步学习和钻研。最后，保持良好的课堂纪律、充沛的精力。学生课前不应做激烈运动，要提前做好课堂准备，保持安静、严肃的课堂气氛；课堂上要保持灵敏的思维、高昂的情绪，思维活动要和教师讲授同步进行，注意张弛相济，提高思维效能。

3. 复习

复习是重新识记学习、记忆过的材料，使之巩固并达到记住的过程。其生理机制是，通过对暂时神经联系的不断强化，使它的痕迹得到进一步巩固和保持。从认识论的角度而言，人对客观事物的正确认识，往往需要经过多次反复才能逐渐完成。人们所学的知识和技能，只有通过不断地复习才能得到巩固和熟练。

对学生的复习进行有效的控制和指导，首先，要使学生恰当地掌握复习时机，做到及时复习。根据记忆遗忘规律，记忆的持久度与两次复习之间的间隔长短有关，一般是先快后慢。因此，应该加强学生的及时复习。当天的功课，要争取当天复习，如果相隔时间久了再去复习，将是事倍功半。其次，要做到经常复习。根据学生学习的需要、知识的难易度及掌握程度，可以采取"分散复习""集中复习""整体复习"和"部分复习"等多种形式，指导学生经常复习教学内容等知识。最后，教师通过课堂讲授，引导学生温故知新。老师在讲新课时要有目的、有针对性地复习旧的知识和概念，指导学生以旧有知识为中介，运用已经学过的知识去思考和理解新的概念和知识，同时进一步复习和巩固旧有知识。

4. 讨论

讨论是教学过程中学生在老师的指导下围绕某一中心问题交流思想、互相启发、认识和解决问题的一种方法。通过讨论，可以发挥集体的智慧，开阔思路、互相学习；锻炼学生的思维能力和表达能力，活跃思想，激发学生的学习兴趣和动力；促进学生对所学知识的巩固、消化、理解、提取及其运用；培养学生勤于思考、虚心好学的风气和习惯，帮助学生树立坚持真理、修正错误的精神、意识。讨论是大学生深入掌握专业知识的重要环节。

为了使讨论深入生动活泼、富有成效，必须加强对讨论的控制和指导：首先，在讨论前，应明确讨论题目和方法，指导学生编好发言提纲，有针对性地搜集资料和调查研究，为讨论做好充分准备。其次，讨论中要确定中心发言人，围绕中心议题开展讨论，鼓励学习较差和不善辞令的学生多发言。最后，引导学生联系实际，持之有据，言之成理，以理服人。既要有争有论，明辨是非，又要虚心好学，听取他人意见。要求学生对讨论做总结和归纳，简要概括讨论的中心内容和主要观点、焦点以及有待继续探讨的问题。

5. 毕业论文（设计）

大学生毕业论文（设计）是在教师指导下的学习过程和活动，其目的是为了检验、提高大学生发现、分析、解决理论问题的综合能力，巩固学习成果。毕业论文（设计）的撰写是一项复杂的脑力劳动，对学生的知识储备和能力要求较高。因此，除了将论文写作的时间放在大学生活期末并保证足够的时间以外，还必须指定教师作专门指导，包括选题、研究方法、论文资料的收集以及研究内容的指导等。老师对大学生毕业论文的指导，应该着重其研究方法和初步研究能力的培养，充分发挥学生的主观能动性和创造性，使毕业论文（设计）成为大学生学习和工作的一个新起点。

6. 社会实践活动

社会实践活动既是大学生思想政治教育的一个有效手段，同时也是大学生学习活动的一个重要环节和方法。从学习方面来讲，对大学生社会实践活动的管理主要着重于组织和引导学生运用所学专业知识解决社会实践问题，为广大人民群众解决生产和生活问题。社会实践活动主要是由学生参与组织的一种自我教育，由于受时间的限制，多安排在节假日进行，并本着自主自愿的原则由学生选择参加。对此类活动，管理部门主要任务是加强指导，大力支持，保持社会实践活动与课堂学习等其他教育活动的协调进行。

(三) 学生的奖学金管理

奖学金是为了表彰在德、智、体等方面尤其是专业教育中成绩和才能优异的学生而实施的一种经济上、物质上的奖励，奖学金是我国高校学生资助体系（包括"奖、贷、助、补、减"）中的重要组成部分，在一定程度上体现了学生学习中按劳分配，多劳多得，优绩优酬的分配原则。

高校奖学金设立、评定和发放的原则是，坚持奖励先进，为教学服务，促进学生成才的宗旨，成绩（能力）、效率优先，兼顾公平，保持适度的奖学面和奖学金金额标准，分级分类多层设奖。高校应当根据国家教育部门的有关规定，结合本校情况制定奖学金的评发标准和等级。即使广大学生通过努力学习，取得优异成绩，可以得到相应的物质奖励，同时又能避免平均主义，并在同等条件下向家庭贫困的学生倾斜，真正发挥奖学金的激励、强化功能，充分调动学生学习的积极性。

高校奖学金按照奖学的内容，可以分为单项（单科）奖学金、综合（专业）奖学金、优秀学生奖学金和三好学生奖学金等，这些奖学金对大学生的学科成绩、专业成就以及能力、道德品质等方面都要有相应的要求，在评定时要严格区分有关标准，有的放矢，有所侧重。高校奖学金按奖学金经费的来源可以分为国家奖学金（包括中央和地方各级政府设立）、社会奖学金（企业、社会团体、民间个人、海外华侨等设立）、高校奖学金（高校用办学积累而设立的奖学金）等类型，这些类型的奖学金在奖学范围、学生专业类别与地区等方面有明确的要求。

实行奖学金制度，对奖学金实行科学、有效管理，有利于培养大学生的竞争意识和观念，形成良好的学习氛围；使学生树立起强烈的进取观念，热爱专业知识，努力学习，刻苦钻研，勇于探索，开拓创新；培养学生的求实精神和自主能力，克服学生对国家和家庭的依赖性，以自己的聪明才智和勤奋努力的成绩获得社会的回报；不断促进高校专门人才素质的提高，适应现代社会对高校人才培养的要求。

必须严格设定奖学金评定制度和标准，对于那些思想政治上追求进步，道德品质高尚，乐于助人，热心为同学服务，在学校的某些社会活动中成绩突出，同时能较好地完成学业的学生，可另设单项奖，如优秀学生奖、优秀党员或团员（奖）等，以资鼓励，充分发挥广大学生的各种特殊才能与学习潜力。

奖学金制度作为我国高校学生资助体系的一个重要组成部分，需要与其他高校学生资助制度如贷学金制度、助学金制度等相互配合，共同发挥作用。这些资助制度各有其优点和不足，但其目的都是为了促进学生专心学习，刻苦钻研科学知识，可以从不同角度，以不同形式与奖学金制度一道形成合力，共同调动大学生学习的积极性和主动性。对于一个勤奋好学、成绩优异的班级群体，因名额和资金有大部分学生难以获得奖学金，为不至于影响学生的学习积极性，可以辅之以助学金制度、勤工助学形式，解决他们学习中的后顾之忧，从而进一步激励他们发奋学习，争取早日拿到奖学金，不断提高奖学金对大学生学习的激励保障作用。

二、高校学生管理工作——生活

高校学生的生活管理，主要对学生的学习、课堂之外的物质与精神生活的管理，包括学生的宿舍与食堂管理、学生课外活动的管理等。

（一）学生生活管理的原则

高校学生的生活管理是高校学生管理工作的重要组成部分，是高校的一项基础性工作。大学生是一个特殊的知识群体，每天都离不开衣食住行、文体娱乐，对物质生活和精神生活有其独特的需求。对这些需求必须予以高度重视。

学生生活管理与学生的培养目标密切相关，是培养学生全面成才的重要途径、手段和保证，是学生思想政治工作的重要补充。通过对学生生活的有效管理，有利于培养学生的独立自主精神和良好的生活习惯，增强学生自我管理的意识和能力；有利于形成优良校风和民主管理民主办学的工作作风；有利于激发大学生的主人翁精神，保证高校人才培养工作的顺利进行。

实现高校学生生活的有效管理，关键之处在于从思想上高度重视学生生活，把学生生活内容的丰富和质量的提高纳入高校的总体发展规划之中，综合平衡，统筹兼顾。在具体的实际工作中，高校学生生活管理需要遵循以下两条基本原则。

第一，服务性管理原则。高校学生生活管理要以学生为本，从学生群体的需要出发，为学生成才服务，为学生提供丰富多彩的、高质量物质生活和精神文化生活，把为学生创造良好的学习生活环境作为学生生活管理的出发点和归宿。

第二，学生自治性原则。高校学生生活管理工作，要尊重学生的独立人格，发挥学生中党、团、学生会等组织的作用，由学生参与学生群体生活管理，使学生真正成为学生群体生活管理的主人。发挥学生自治能量，是做好学生生活管理的重要支柱。在贯彻这条原则时，应该做到充分相信学生、依靠学生，保证和给予学生合理的、合法的参与学校管理的权利，真正保护好学生的切身利益，为做好学生生活献计献策。

（二）学生宿舍与食堂管理

学生宿舍是学生休息、生活的场所，也是学习的场所。学生在宿舍里相互交谈，信息量大，内容丰富，相互影响。因此，学生宿舍的管理对学生身心发展、思想情操的陶冶、学业的进步等起着十分重要的作用，应予以足够的重视。

高校要设置专门机构如宿舍管理科（室）、学生公寓管理中心，安排专人统一管理全校学生宿舍的设施、物品、安全保卫、清扫卫生和环境美化等，领导和监督宿舍管理员（传达员）和清扫员的工作。随着高校后勤工作的社会化，对高校学生宿舍的管理可采取物业管理和勤工俭学相结合，专职人员和学生相结合共同管理。组织学生参与学生宿舍、学生公寓的管理，既锻炼了学生的自我管理能力和劳动意识，又为部分学生尤其是贫困生解决了学习的后顾之忧，促进学生学习质量的提高。

学生宿舍管理的中心内容是卫生和纪律秩序，具体包括宿舍的卫生整洁情况、遵守校纪情况、团结友爱情况、学习风气情况等，这些既是高校"文明学生宿舍"的重要衡量标准，也是学生宿舍管理工作持续的根本目标。

学生食堂是学生集中进餐的场所，对学生食堂的管理是高校学生生活管理的首要内容。组织学生参与伙食的民主管理，是办好学生食堂的重要措施和有效手段。设立学生伙食管理委员会并吸收学生参与其中，是对学生伙食实行民主管理的有效形式和途径。

（三）学生课外活动的管理

1. 学生课外活动管理的作用

学生课外活动主要是正常课堂教学以外的其他活动，包括第二课堂、文体娱乐、社会实践、勤工助学等个体与群体活动。学生课外活动是学生生活的重要组成部分，它将增长知识、培养能力和文娱特长、锻炼身体、思想建设融为一体，是培养德智体全面发展人才的重要环节。

组织好学生的课外活动，可以起到的作用包括：一是可以更好地发挥学生的主体作用，培养学生的自主性和自学能力；同时根据学生个性特点和个性差异，充分地做到因材施教，使更多有才能和特长的学生脱颖而出，茁壮成长。二是可以拓宽、扩展、改善学生的知识结构，使学生通过多种活动形式获取最新信息和科技成就。三是可以在活动的组织过程中锻炼学生的组织才能和实际操作能力。四是可以陶冶学生的情操，提高学生的审美情趣，通过一些劳动增强学生的劳动观念、群体意识和集体主义观念，通过与社会的接触，增强学生的社会责任感，不断提高学生的道德水准。

2. 学生课外活动管理的内容

（1）学生课外活动的行政管理。高校学生课外活动的行政管理的主要任务是为学生课外活动提供优质服务，进行业务指导和宏观调控、协调关系。具体来说，就是开辟活动场所，如文化活动中心、体育运动场馆等，提供勤工助学岗位，这些是学生开展课外活动的基础条件；加强课外活动中对学生成才的指导，引导学生开展丰富健康、有益身心的群体活动；对课外活动的时间、场所、内容、经费等严格把关，宏观调控；协调学校各部门在学生课外活动中的关系，把学生课外活动纳入学校工作计划之中，使学生课外活动落到实处。

（2）学生群众团体、社会团体的自我管理。学生群众团体、社团组织的自我管理是学生课外活动管理的重要内容。发挥学生群团、社团组织的自我管理功用，是做好学生群体活动的基础。学生群团组织是共青团系统、学生会系统。社团组织有以结合专业学习为主的或以扩大知识面、满足个人兴趣爱好并培养特长为主的各种协会、学社，如学生发明协会、学生文学社、学生旅游学会、学生模拟法庭等。随着社会对专门人才的要求越来越高，参加各种形式的群团、社团组织日益成为当代大学生课外活动的重要内容。

实现高校学生群体、社团组织的自我管理，首先要加强校园文化建设，将课堂内外的活动有机结合起来，将教书育人、服务育人、管理育人统一起来，使学生群体组织持久、持续的长远规划。尤其是课外活动的时间要充分考虑教学的特点，尽量避开学生学习的紧张时期，开展学生喜闻乐见的活动。其次要对学生群体组织骨干进行选拔、培养，使学生群体组织的活动在德才兼备的骨干成员的管理下有声有色，富有成效，并沿着正确的方向不断发展壮大。最后在寓教育于活动中，使组织者和参加者都在活动中受到潜移默化的教育，充分实现和发挥学生社团等组织的功用。

第二节　高校行政教育管理工作

一、高校行政管理工作的认知

"高校行政管理主要是高等学校为了实现学校教育工作的目标，依靠一定的机构和制度，采用一定的措施和手段，发挥管理和行政的职能，带领和引导师生员工充分利用各项资源，有效地完成学校的工作任务，实现预定目标的组织活动。"[1] 高校行政管理对教学和科研活动都具有辅助性作用，是高校正常运行与发展的必不可少的部分。

（一）行政管理主体与组织

1. 行政管理主体

（1）行政管理主体的特点。所谓行政管理主体，是掌握行政管理权力，承担行政管理责任，在行政管理工作中协调他人或其他组织的活动，并对组织完成预期任务负有责任的人或组织，它决定着行政管理的方向和进程。行政管理者和行政管理组织是行政管理主体的两个有机组成部分。行政管理主体的特点包括以下方面：

第一，阶层性特点。行政管理主体的阶层性指的是作为行政管理者在组织行政管理中的层次位置。一般而言，可以把一个组织内的行政管理者（或行政管理机构）分为高层行政管理、中层行政管理和基层行政管理三个层次。低一层的行政管理者既是行政管理活动的主体，实际上又是更高一层行政管理主体的行政管理对象。

第二，部门性特点。在一个组织中，基层和中层的行政管理者又有其不同的分属领

---

[1] 王琪. 高校人力资源管理与行政改革研究［M］. 北京：北京工业大学出版社，2018：125.

域，对于不同行政管理部门的管理者而言，从整体着眼，从本职着手是很重要的。

第三，全员性特点。从更宽泛的视角来理解行政管理主体，组织中的每个成员都是其本职工作岗位和领域中的行政管理主体。各级行政管理者如何发挥全体成员的工作自主性和积极性，是实现行政管理目标的重要条件。

(2) 行政管理者的角色划分。行政管理者可以划分为以下不同类型：

第一，按行政管理层次划分。

可以分为三个方面：一是高层行政管理者，指一个组织中最高领导层的组成人员。他们对外代表组织，对内拥有最高职位和最高职权，并对组织的总体目标负责。他们侧重组织的长远发展计划、战略目标和重大政策的制定，拥有人事、资金等资源的控制权，以决策为主要职能，故也称为决策层。二是中层行政管理者，指一个组织中中层机构的负责人员。他们是高层行政管理者决策的执行者，负责制定具体的计划、政策，行使高层授权下的指挥权，并向高层报告工作，也称为执行层。三是基层行政管理者，指在生产经营第一线的行政管理人员。他们负责将组织的决策在基层落实，制订作业计划，负责现场指挥与现场监督，也称为作业层。

第二，按行政管理工作的性质与领域划分。

可以分为两个方面：一是综合管理者，指负责整个组织或其所属单位的全面行政管理工作的行政管理人员。他们是一个组织或其所属单位的主管，对整个组织或该单位目标实现负有全部责任；他们拥有这个组织或单位所必需的权力，有权指挥和支配该组织或该单位的全部资源与职能活动，而不是只对单一资源或职能负责。二是职能管理者，指在组织内只负责某种职能的行政管理人员，这类行政管理者只对组织中某一职能或专业领域的工作目标负责，只在本职能或专业领域内行使职权、指导工作。职能行政管理者大多具有某种专业或技术专长。就一般组织而言，职能管理者主要包括：计划管理、生产管理、技术管理、市场营销管理、物资设备管理、财务管理、行政管理、人事管理、后勤管理、安全保卫管理等。

第三，按职权关系的性质划分。

可以分为两个方面：一是直线管理人员，指有权对下级进行直接指挥的行政管理者。他们与下级之间存在着领导隶属关系，是一种命令与服从的职权关系。直线管理人员的主要职能是决策和指挥。直线管理人员主要指组织等级链中的各级主管，即综合管理者。二是参谋人员，指对上级提供咨询、建议，对下级进行专业指导的行政管理者。他们与上级的关系是一种参谋、顾问与主管领导的关系，与下级是二种非领导隶属的专业指导关系。他们的主要职能是咨询、建议和指导。参谋人员通常是各级职能管理者。直线人员与参谋人员，是依职权关系进行的区分，是相对于职权作用对象而言的，在行政管理工作中两者经常转化。

2. 行政组织分析

行政组织有广义和狭义之分：广义的行政组织泛指一切具有计划组织、指挥、控制、协调功能的组织机构，包括机关、团体、企事业单位等各种社会组织中的行政事务管理机构。狭义的行政组织仅指国家机构中的执行机构，是行使国家行政职权、履行国家行政职能的法定主体，是各级、各类国家行政机关的统称。行政组织的含义不是单一的，而是由四个方面构成：第一，行政组织的静态主要体现在行政组织的机构设置、职责分工等方面。行政机构是行政组织的载体。第二，行政组织的动态主要体现在行政组织的计划、组织、指挥、控制、协调功能上。行政组织必须通过一系列活动过程来实现组织的目标。第三，行政组织的心态主要体现在行政组织是具体行政人员的组合，并通过他们的心智活动来实现组织的功能。第四，行政组织的生态主要体现在行政组织的产生、存在和发展都是随着环境的变化而调整的，行政组织具有开放性。

（1）行政组织的功能阐释。行政组织作为一种社会组织，具有的功能包括三个方面：① "聚集" 功能，即为实现组织目标，将各种人力、物力、财力汇集成一种合力。② "转换" 功能，即将汇集起来的各种要素，进行加工、整合，实现资源的优化配置。③ "释放" 功能，即将经过组织加工转化之后形成的新的能量释放出来，达到处理公共事务的目的。

（2）行政组织的组成要素。行政组织是由若干要素组成的有机整体。一个结构完整、功能齐全的行政组织，一般应该包括以下要素：

第一，组织规范。规范是维系组织存在的纽带，是为了达成组织目标而设定的对组织内外的普遍性要求。行政组织作为一种层次繁多、结构庞杂的组织，其对组织规范的依赖更是不言自明。依法行政，是现代行政的发展方向。依法行政中的 "法" 包括行政法规、规章、制度、措施、规定、条例等。这些都是行政组织规范的具体表现形式。由此可见，组织规范并不仅是现代组织的要求，自有组织之日起，就有组织规范。组织规范的发展制约着组织形态和组织的发展，组织规范的完善程度直接影响着组织的发达水平。

第二，目标体系。行政组织作为一种体系庞杂、功能巨大的社会组织，必须具有清晰、明确的职能目标，而且行政组织的整体目标、各个部门的职能目标、工作人员的个人目标等众多目标必须合理分工、有机协调，从而形成一个完整的目标体系。整体目标是总目标，形成并指导和控制其他各级职能子目标和个人目标。各级职能子目标作为中间的关键环节，一方面要与总目标协调一致，形成对总目标的强力支持；另一方面，还要对个人目标进行具体的协调、指导和规范，保证自身目标的达成。而个人目标作为总目标和各级职能子目标的基础支撑点，必须与前两者保持一致，接受其调整和规范，同时个人目标也要与个人需要协调一致，从而形成个人努力工作的强大动力。总而言之，只有这三者有机整合、高度一致，才能保证行政组织的存在和健康发展。

第三，管理理念。不同的组织拥有不同的管理理念，而不同的管理理念会对组织产生不同的指导作用。根据指导作用的差异，可以将管理理念划分为起积极促进作用的先进的管理理念和起消极阻碍作用的落后的管理理念。先进的管理理念是行政组织所必需的。

第四，机构设置。各种社会组织都是通过聚集人力、物力和财力资源，并对其进行重新分配、优化组合来实现自身的存在价值的。聚集各种资源的依据是目标，重新组合的依据是职能，而职能的实现必须依托于对人力、物力和财力资源的有形划分。依据目标和职能，对人力、物力、财力资源的有形划分就是组织的机构设置。换言之，机构设置的依据是目标和职能，机构设置的功能在于对各种资源的合理分配和优化组合。

第五，人员构成。人员是行政组织目标的达成者，是行政组织职能的履行者，是行政组织结构的设计者、构成者和改进者。人员是行政组织的基础要素，人员构成是行政组织的关键。任何行政组织要想充分发挥其职能，实现其目标，都必须对人员构成进行合理设计或及时调整。一般而言，行政组织应该由三种类型的人员构成：领导者、中层管理者、基层执行者。三者之中任何一个都不可或缺，否则，组织运行效率将受到影响。

第六，权责分配。行政组织的聚合作用产生组织内部的公共权力，对这种公共权力的合理分配是实现组织职能的基础和前提。如果没有足够的权力支撑，任何部门和个人都无法有力地推动组织事务的解决和各种活动的进行。每个部门和个人都需要从组织那里获得足够的权力，当然，组织不会无条件地将权力分配下去，它要求行使权力的部门和人员在行使这些权力时必须恰当，权力的恰当行使既要求各个部门和人员拥有足够的权力，同时也要求他们承担因不恰当行使权力而产生的责任。

第七，资金设备。资金设备是行政组织赖以存在的物质基础，是行政组织财力、物力资源的总称。充足的资金和先进的技术设备，是提高行政效率的前提条件，是实现办公现代化的物质保障。当然，资金设备的节约，也是高效行政的基本要求。

第八，运行机制。规模庞大、层次繁多的行政系统需要开放、高效、灵活、顺畅的运行机制。运行机制是人力、物力、财力资源在动态层面上的存在形式。良好的运行机制在运行过程中会对组织内外的资源进行合理的安排和支配，以保证组织活动的顺利进行。

（3）行政组织的主要特性。

第一，开放性。行政组织是一个开放性的社会系统，它同时受外部环境和内部因素的影响，其结构不是一成不变的模式。行政组织开放性的特性包含三个方面：一是行政组织不是孤立存在的，而是处在与外部环境不断交互作用之中，它经常受到复杂多变的外部环境影响，是一个开放的系统。二是行政组织内部由若干个分系统组成，主要包括两个方面：①社会、心理和管理方面；②技术和结构方面。因此，行政组织是一个社会技术系统。③行政组织是一个整合的系统，它协调各系统及其与环境的关系。这种开放性的特征，使行政组织成为一个输入输出的转换系统。

第二，系统性。系统性是行政组织在存在形态上的有机性和整体性，目标上的明确性和一致性，职能上的分工性和合作性，结构上的独立性和关联性，运行机制上的协调性和规范性。行政组织作为一种庞大的社会组织，其内部要纵向分层、横向分布、上下沟通、左右联系，各个部分密切配合，才能保证行政管理活动的顺利进行。由此可见，系统性是行政组织作为一种组织形态的重要特征。

第三，服务性。服务性是行政组织的出发点和基本属性，可以从广义和狭义的行政组织两个层面来理解这一特征。从广义层面讲，除各级政府之外，广泛存在于各类社会组织中的行政组织作为组织决策的制定者和决策的主要执行者，既要为组织中的"立法者"服务，也要为组织中的全体成员服务，而且要为组织外部的有关人员服务，其服务性更为明显。从狭义层面讲，行政组织有"三个服务"。首先，行政组织作为上层建筑的重要组成部分，必须适应和服务于经济基础，为国民经济的稳定和发展服务；其次，行政组织作为立法机关的执行性机关，必须服从立法，为宪法和法律服务；最后，行政组织作为一个社会组织，它又必须服务于社会和社会公众。

第四，社会性。行政机关是行使社会公共权力、管理社会公共事务的国家机关，它具有管理社会公共事务的职能，这就决定了行政组织具有社会性的特征。行政组织的社会性特征具体表现为：设置大量机构管理经济、科技、文教、卫生、交通、邮电、环境保护和社会保障等社会公共事务，为全社会提供服务。其他各类行政组织作为存在于社会中的个体，是社会发展的产物，也必然具有社会性。其社会性体现在两个方面：一是各类行政组织不仅要关注经济效益、政治效益，同时也要关注社会效益；二是各类行政组织都不能脱离社会而存在，必须与整个社会进行交流和交换。

(4) 行政组织的类型划分。为了便于管理和研究，行政组织可以根据不同的需要做以下划分：

第一，根据管理职权与管理对象的大小划分。根据管理职权与管理对象的大小划分，行政组织可分为三个方面：一是高级行政组织管理职权大，管理对象主要是全局性的、相对重大的事务；二是低级行政组织的管理职权小，管理对象主要是具体的执行性事务；三是中级行政组织则介于两者之间。就企业单位而言，经理层属于高级行政组织范畴，因而被称为高层管理者；部门经理层属于中级行政组织范畴，因而被称为中层管理者；车间主任、基层班（组）长等属于低级行政组织范畴，因而被称为基层管理者。

第二，根据管理职能涉及的内容来划分。根据管理职能涉及的内容来划分，行政组织可分为综合性行政组织和专门性行政组织。各级政府，无论级别高低，管理职权大小，均属于综合性行政组织。各级政府下设的职能部门一律为专门性行政组织，但其中比较特殊的是办公室，因其是综合职能部门，故应属于综合性行政组织。专门性行政组织可具体分为以下几个方面：

一是领导性行政组织。领导性行政组织主要指各级、各类领导机关，是各种组织内部的行政首脑机关、统帅机关，是行政组织各层级的中枢。其主要任务是对所辖区域的各项事务进行统一的领导、指挥、协调和控制等。这类行政组织的工作具有全局性和统帅性。

二是职能性行政组织。职能性行政组织指各级、各类职能机关。它是在领导机关的直接领导下，独自执掌某一方面行政事务的机关。它是根据行政需要，按照法定程序设立的领导机关的组成部门。

三是直属性行政组织。直属性行政组织，即直属机关，是根据需要而设置的主管各项专门业务、为领导机关直接管辖的单独机构。它不是领导机关的组成部门，级别比职能机关低，主要负责人不列入政府组成人员，其工作具有较强的专业性。

四是辅助性行政组织。辅助性行政组织，即辅助机关，是协助行政首长处理专门事务，或负责政府机关内部综合、平衡、协调等工作的办事机关。辅助机关没有特定的专业事务，不能脱离行政首长而独立存在，因而也不能直接对各专业职能部门行使指挥和监督职权。只有在特别授权的情况下，它才可以代表行政首长行使一定的权力。辅助性行政组织的工作具有综合性的特点。

五是咨询性行政组织。咨询性行政组织，即咨询机关，也称智囊机关或参谋机关，是指专为各级、各类领导性行政组织出谋划策的机关。其职能就是出主意、当参谋、想办法。由于现代社会日益信息化和经济日益全球化，咨询性行政组织的作用越来越重要。

六是派出性行政组织。派出性行政组织，即派出机关，是各级人民政府为减少管理幅度，通过法定程序在所辖区域内设立的代表机关，它不是一级政权机关，其权力源于上级人民政府的委派或延伸。例如，街道办事处、税务所等，都是派出性行政组织。派出性行政组织的任务主要是执行和督促执行上级政府机关的决定、决议，反映基层群众的意见和要求，发挥承上启下的作用。

（二）高校行政管理的基础作用

高校想要保证自身的教育活动、科研活动顺利进行，那么必须开展有效的行政管理。对于高校的管理体系来讲，行政管理体系是基础，行政管理体系可以发挥调节作用、指导作用以及约束作用。高校离开了行政管理，就可能会出现职能问题，教学活动、科研活动的顺利实施没有办法得到有效保障，甚至可能会出现各项活动停滞的情况，这不利于高校教学质量的提升，也不利于科研成果的创造。因此，高校行政管理必须有效开展，必须充分发挥自身的协调作用、保障作用。

第一，高校行政管理体系主要是借助服务功能的提供来发挥自身的保障作用。行政管理工作与整个高校各项活动的开展息息相关，所有工作的安排都需要依赖行政管理。对于高校发展来讲，即使是一些细微的事情，如果没有有效管理，那么也可能会引发连锁效应，导致整个高校发展出现问题，这不利于高校工作效率的提升，也不利于工作进程的推进。所以，高校应该进行行政管理方面的创新与改革，让行政管理更好地发挥服务功能。改革和创新之后的行政管理体系可以更好地协调各项工作之间的关系。

第二，高校存在的基本作用是培养国家需要的人才，高校想要培养出人才需要展开教学活动，需要对学校进行有效管理，需要提供一系列服务。无论是教学活动服务提供还是学校管理都需要依托于学校的行政部门协调运转，这样才能让有差异性的各个部门之间协调工作，有效沟通，有效交流。也只有在学校行政部门统筹管理的情况下，各个部门才能发挥自身的功能和作用，才能真正推动教学活动、科研活动的展开。高校开展行政工作的过程中，需要始终把教学和科研放在第一位。这样高校才能为了提供更好的教学服务、科研服务而不断地提升自身在管理方面的能力和水平。

（三）高校行政管理的主要内容

各高校的行政管理内容主要包括以下三方面：

第一，协调好学术与行政之间的关系。各高校在行政管理上，存在着许多问题，最为突出的是高校中的行政权力和学术权力之间的关系问题。而各高校的行政管理人员要想充分地解决此问题，就要对各高校的行政人员和学术人员进行剖析，妥善地处理好行政管理的高层和执行人员与教师、教授和学生之间的关系。

第二，协调好部门与其功能之间的关系。协调好部门与其功能之间的关系是高校做好行政管理的关键。各高校一定要注意这个问题：各高校的行政管理部门的功能不能重复，功能的制定要具有科学性和合理性，功能要和他们的岗位相匹配。

第三，协调好职员结构与改革管理之间的关系。这通常需要对高校的行政管理人员和改革管理的具体措施进行深入的了解。各高校的行政管理改革，通常离不开对行政管理人员队伍进行改革。如果行政管理人员的队伍过于庞大，在管理中，就会出现很多问题，甚至出现管理停滞的现象。所以，整个高校的行政管理队伍结构越精炼，职能分配越清楚，行政管理就越能达到预期的效果，就越能激发行政管理人员的斗志。

（四）高校行政管理的职能划分

各高校的行政管理职能可以大体分为统治职能、社会服务职能和社会管理职能。

第一，统治职能。各高校的行政管理的统治职能是各高校要以国家下发的各项教育方针为依据来进行教学。

第二，社会服务职能。社会服务职能体现在行政管理组织按照各项规章制度来组织高校的非行政人员进行教学和科研研究等行为。行政管理人员要处理好各种问题，全方位地使高校的各个教职工都能在自己的岗位上勤劳奋斗和爱岗敬业，最后实现高校的预期目标。

第三，社会管理职能。社会管理职能主要表现在行政管理人员通过履行具体的管理职责，能够对高校的教职工进行正确的规范性的指导。

上述职能的决定性在于我国的社会主义性质，对于我国各高校在教学和科研方面起到重要作用。各高校的行政管理职能能对各高校的教学起到保障作用，所以要在拥护高校行政管理职能的基础上，还要随着社会的发展和变化不断地完善和创新各高校的行政管理职能，只有这样各高校的教育水平才能得到提高。

（五）高校行政管理的运行机制

高校行政管理部门的职能想要有效发挥，最重要的就是运行机制方面的改革，各部门的作用想要充分发挥必然离不开优秀的运行机制的加持。只有在良好的运行机制下，工作人员才能稳定有序地开展工作，工作人员的工作主动性、积极性才能得到有效调动。对高校的行政管理运行机制进行分析概括，可以发现其主要涉及以下三种类型：

第一，决策机制。对于高校来讲，决策机制的作用在于可以保证高校科学民主地管理。高校在决策时，坚持科学坚持民主有助于做出最符合高校发展需要的决策，而科学合理的决策可以保证高校有效发展、科学发展。

第二，动力机制。高校行政管理的动力主要来源于内在动力、外在压力以及吸引力。对高校来讲，它的吸引力主要体现在硬件设备、软件设备、学术氛围、学校办学条件、学校发展历史、校园环境等方面。在高校具有较大吸引力的情况下，高校才能形成更强大的发展动力。分析高校目前的发展现状，可以发现高校现在的发展主要依托的是内在动力，也就是高校当中学生教职工所认可的价值观念。高校所面临的外界压力主要有社会形象、社会口碑、教育目标完成度以及国家对学校的关注程度。

第三，竞争机制。竞争机制是不可或缺的行政管理机制。竞争机制的建设需要体现在师资队伍管理方面、科学研究方面以及学校后勤保障方面。在有竞争的情况下，学校工作人员的各项工作才能有动力，所以，高校应该在行政管理当中使用竞争机制，激发工作人员的积极性、创造性、能动性，让竞争机制发挥监督作用。竞争机制的存在很大程度上助推了行政管理工作效率的提升。

（六）高校行政管理的改革趋势

1. 行政管理改革的需要

（1）高校提高自主办学能力的需要。我国目前的高等教育行政管理体制受以前的计划经济体制的影响较大，在进行行政管理时，任何事务，不论大小，都要接受统一的管理，长此以往，就会限制高校办学的自主性。为了提高高校的自主办学能力，使其得到更好的发展，就需要对高等教育行政管理体制进行改革，划清权限范围，给予学校适当的办学自主权。

（2）高校培养浓厚学术氛围的需要。高校本身就是为国家培养人才，进行学术研究、科学发明的地方，为了保证高校办学的纯洁性，为国家输送更高质量的人才，就需要对现在的高等教育行政管理体制进行改革，营造浓厚的学术氛围。

（3）高校适应市场经济发展的需要。市场经济的需求，随着时间的推移不断发生变化，高校只有具备对市场变化的适应能力，才能够得以立足和稳定发展。但是我国高等教育行政管理体制中由于长期受到中央集权管理模式的影响，不具备自主及时调整的能力，为了使高校能够适应市场经济的发展，就要对高等教育行政管理体制进行改革对其提供帮助，为我国高等教育市场化的发展提供良好的发展空间和支持。

2. 行政管理改革的依据

目前高等教育进行改革时，改革主题是加速发展，改革主线是结构体制改革调整，改革动力来自于政府部门下放的权力以及管理体制本身的创新改革，改革的出发点和落脚点是提升教学质量。当下高等教育进行的改革也是为了适应社会市场经济形式。资源分配也不再过于依赖政府的主导和计划，开始更多地依赖市场本身的调节。而且教育政策的颁布越来越注重公平。高等教育培养出来的人才也显现出了更强的个性，使用的人才培养模式越来越多元化。在这样的情况下，可以发现，教育极大地推动了社会发展进步，高等教育改革在持续深化的情况下，必然要求大学建立出现代化的制度。

在教育改革重点慢慢地向基层、向下推进的过程中，高校自身的改革越来越重要。对于高校来讲，改革必然是系统性的改革、宏观性的改革、整体性的改革。高校之所以展开改革是因为教育的发展体现出了改革的趋势，是因为社会对高等教育的需求发生了变化。学校是人才培养的主体，在学校获得了越来越多的办学自主权的情况下，也在不断地扩大自身的办学规模，这使得学生发展越来越需要行政管理的支持，行政管理活动的重要性也越来越凸显。

高校掌握的权力越来越大，具体来讲体现在：高校可以自主制订学校的发展计划、发展目标；高校可以自主分配学校资源；高校可以自主控制办学质量；高校可以主动开展体制方面的改革与创新；高校可以积极拓展自身的外界公共关系。在高校拥有权力之后，可以进行一系列的改革，以此来促进自身更好的发展。高校在改革时最重要的是进行运行机制方面的改革，机制可以促进发展，可以规范行为。在高校展开内部运行机制创新改革的过程中，高校的发展有了更直接的内部动力。

大学是开展学术性研究的文化机构，具备普通组织的普遍特征，但是，大学的管理制度以及模式和其他的文化机构存在一定的不同之处，有自身的鲜明特点。因为学术活动没有办法确定出明确具体的目标，所以，大学在建设管理制度或者运行机制时，就必须注重制度和机制的灵活性、效率性。学术活动的不确定性、自然模糊性也在一定程度上加大了高校管理工作的难度。高校作为知识型的文化组织，自身承担的职能过多，发展规模比较大，要处理的事务越发复杂，而且外界环境不断变化，信息技术快速发展，这使得学校的管理模式、管理职能出现了较大变化。在这种情况下，学校需要进行管理职能方面的转变，需要努力发展成创新型大学。所以，对大学来讲，管理方面的改革和创新也越发重要。高校在未来想要稳定的生存和发展必须注重管理质量、管理效率的提升。

3. 行政管理改革的目标

加速推进和全面深化我国现行的高校管理体制改革，既是当前我们所面临的一件十分重要且紧迫的任务，又是一项异常复杂和艰巨的工作。深化我国高校管理体制改革的目的在于更好地适应正在不断变革的社会经济环境，同时，也只有不断地改变各种相关的社会经济条件和环境，才能进一步深化高校管理体制改革。从当前我国各项改革的实际进程和状况来看，在实现新旧体制转轨转型的过程中，依然面临着一系列的改革难题和障碍，只有排除这些改革障碍，解决这些难题，才能实现既定的改革目标。

（1）转变管理理念，树立经营学校的理念。一切改革，必须观念先行，没有观念的转变，就不可能有行动的解放。在社会大转型和大变革的时代高校必须及时调整自己的办学理念和管理理念，积极吸收借鉴先进经验，创新自己的管理思想。高校与社会日渐紧密的联系使得高校社会化的进程加快。高校投融资体制的转变，社会化办学的影响，高等教育产业的日渐深入发展，都迫切需要高校遵循教育发展规律和市场发展规律，以经营学校的理念来指导学校的管理工作，不断增强自己的办学实力，从而更好地为教学、科研服务。

（2）学校内部的行政权力和学术权力之间的关系应该理顺理清。学校可以专门为教授成立委员会组织，让教授这样的学术人士可以参与到学校决策制定过程当中。这样，学校教授们具有的学术权力就可以应用在学校的管理过程中。学校当中存在的两种权力没有办法彼此替代，也没有哪一种权力可以在整个学校管理当中无限制地运用。对高校当下的现状进行分析，可以发现两个权力当中占据主导地位的是行政权力，但是，结合目前高校的发展需要来看，应该是学术权力占据更高的地位。之所以要提升学术权力的地位是因为当下行政权力已经出现了覆盖学术权力的发展趋向。除此之外，从本质上分析，可以发现高校是为科研活动、教学活动提供服务的，这些活动都和知识有关，学校本身的各项活动都离不开学术，离不开学科基础。所以，各项活动的决定权应该更多地赋予真正参与活动的教授和专家。但是，呼吁提高学术权力并不是让学术权力完全地替代行政权力，而是呼吁二者应该有效地结合。

（3）高校应该快速推进管理职能的调整以及管理机构的改革。社会发展变化使得高校管理内容越来越多，管理越来越复杂，在这种情况下，高校需要明确哪些内容属于自身的管理范围，哪些内容可以委托他人代为管理。学校在管理时应该主要注重学校自身的整体发展，在考虑自身发展需要的前提下，进行职能调整以及机构改革。

（4）推动人事分配制度方面的改革。现代社会强调核心竞争力，这一说法最初出现在企业管理当中。在企业发展过程中，企业和其他企业除了存在产品方面的竞争之外，还存在人才方面的竞争。大学想要提升自身的核心竞争力，那么需要依赖于师资队伍建设。核心竞争力观念的引入可以更好地激发教师的潜能。过去使用的人事分配制度过于强调平均主义，不利于教师个人才华的显现，所以，高校应该开展人事分配制度方面的改革和创新工作，在高校人事分配制度当中加入竞争机制。在竞争机制下，教职工可以获得和个人能力相匹配的待遇，这极大地激发了教职工的工作主动性、工作积极性。他们会在工作当中贡献更多的聪明才智，学校也会在竞争当中获得更大的发展动力。学校在进行人事分配制度方面的创新改革时，需要考虑到学校本身的地位以及具体情况，然后选择适合的变革方法。对于高校教育行政管理体制的创新和改革来讲，人事分配制度方面的改革和调整是重点问题，也是难题之一。因为涉及广大教职工的利益，所以，改革过程中可能面临较大的阻力。因此，在这种情况下，改革必须越发地注重科学，注重民主，改革必须联系高校的实际发展需要，这样才能克服巨大的阻力，才能推动改革的有序开展。

（5）高校应该加速推进管理方式以及手段的变革。高校发展遇到一系列新的变化之后，使用的传统管理模式已经不适合当下的发展需要，因此，高校应该引入市场经济环境下的市场管理理念、市场管理手段。在使用市场管理理念以及手段的过程中，高校应该和社会建立更紧密的联系，应该尽快设定出自身和社会开展合作的合作机制。高校可以依托中介组织更好地联系社会，让中介组织发挥更好的桥梁作用、载体作用。中介组织可以为高校和社会的合作提供监督服务、桥梁服务、资源配置服务，这极大地方便了二者的合作。

（6）高校应该优化学校的规章制度，完善学校的组织建设。高校开展管理工作需要依托制定出来的章程具体操作，应该建立工代会组织、教代会组织，并且赋予这些组织参与决策制定的权力。高校在赋予各个组织权力的情况下，也应该规范其行为。在高校发展获得越来越多自主权的情况下，高校也应该注重自身机制的完善，只有自身的管理机制能够有效地发挥约束作用，各项管理工作的推进才能稳定有序，各个组织的职能才能充分地发挥出来。如果高校自身缺乏有效的管理机制、完善的体制，那么在获得较大的权力之后，很难保证自身的有效管理，很难保证高校工作的有序推进。约束机制得到有效优化和完善之后，学校的管理会更加专业。

4. 行政管理改革的意义

第一，行政管理改革可以满足社会新形势发展的需要。高校是培养人才的主要阵地，在社会越来越注重人才的情况下，高校的地位也有了明显提升，高等教育事业也在各项政策的支持下快速发展，不同高校之间的竞争也明显加强。在这种情况下，高校为了提升自身的竞争力，为了满足社会发展需要自然而然会开展一系列的改革与创新，高校行政管理会影响到高校各项资源的分配，所以，在管理改革创新的时候，首当其冲的就是行政管理。高校想要在新的社会形势下持续稳定发展，就必须转变自身的行政管理观念，进行管理手段方面的改革与创新。

第二，行政管理改革可以满足高校整体改革发展的需要。高校整体的改革离不开行政管理体制的支持，行政管理直接影响到高校日常运转工作，如果行政管理方面出现了纰漏，那么学校整体工作的开展都会受到不良影响。所以高校的行政管理体制方面的改革可以满足高校整体发展的需要，也能够保证高校整体顺利发展。行政管理改革应该致力于监督机制的完善，在监督机制有效发挥作用的情况下，各个部门可以认真完成本部门的工作任务，学校的多方面工作也能够有效推进顺利完成。

第三，行政管理改革可以满足高等教育持续改革、深入改革的发展需要。在高等教育持续改革的过程中，也遇到了一些新问题，这些问题的解决需要学校的行政管理体制提供支持，学校需要综合判断如何利用学校的资源建设、学科建设、人才建设、教学改革建设来发挥学校自身的优势，而这些判断的做出需要学校行政管理人员的准确判断。所以，学校行政管理机制方面的创新管理力度的加强、管理手段的改革等有助于学校做出科学判断，在一定程度上满足了高等教育深入改革提出的发展需要。

第四，行政管理改革可以满足高校自身正常运营的基本需要。高校的行政管理工作主要是辅助教学活动、科研活动的开展，虽然是辅助，但是却有重要作用。离开了高校行政管理，高校所开展的教学活动、科研活动就缺少了有效的调节杠杆，各项活动的开展就可能是混乱的，甚至是停滞的。高校之前使用的行政管理模式不适合当下的教学活动、科研活动的发展需要，所以，高校需要开展行政管理改革。改革之后的高校行政管理体系可以更好地满足高校目前的运营需要、发展需要。

5. 行政管理改革的路径

（1）运用宏观调控推动高校自主办学。国家在这方面也做出了许多尝试，如批准企业能够和高校一起联合办学；扩大了高校自主办学的权力等。虽然高校的自主性和能力在不断地得到开发，但是有很多事情是学校控制不好的，这时就需要政府进行辅助帮忙。学校和政府之间要不断地协调和磨合，逐渐明确各自的职权范围，明确政府和高等院校之间的关系，高校要借助政府宏观调控的力量，推动自主办学能力的提高。

（2）营造浓厚的学术氛围。只有淡化高校内部的官僚之风，增强和加大对学术的重视程度和投入力度，才能够促使学者投身于学术的研究和人才的培养之中，完成高校的任务。首先，高校行政管理人员需要改变工作理念，认清自己所在职位的职务，自己需要做的工作，理解高等教育的宗旨和目的；其次，要有相对应的法律和制度规范，对领导机制以及行政管理体制的实行、行政管理人员的管理工作进行监督以保证行政管理工作的正常运行；最后，加大和增强对学术的投入力度和重视程度，把学术权力放在中心位置，引导资深学者参与学校的行政管理，实现重视学术的良性循环。

（3）配套相关制度，推动管理体制改革。高等教育行政管理体制的改革，只有放在良好的社会环境下才能够正常地进行并取得成果，如果没有良好的改革环境，就会使行政管理体制改革的难度加大。因此，必须要做到国家法律法规的大力支持，从国家的角度为高等教育行政管理体制的改革提供支持，在国家范围内为改革提供保障；除此之外，在高校内部，也要根据国家的要求，结合本院校的实际情况，建立合理的行政管理体制，以及与之配套的监督机制、奖惩机制和检查机制，实现高校内部规定与国家法律制度的一致。

6. 行政管理改革的措施

高校行政管理改革的措施主要有以下几种：

（1）协调处理学术和行政两个管理方面之间的关联。大学和其他的文化机构不同之处在于管理结构相对特殊，涉及行政和学术两个方面的管理。两方面在管理的过程中需要协调。对于高校发展来讲，只有学术管理和行政管理之间保持相对协调，问题才能得到有效解决，决策制定才能更加合理，才能有效地避免资源浪费，提高资源的配置效率。学术管理和行政管理关系的协调需要组织结构、制度建设以及管理体制等内容提供支持。具体来讲涉及以下内容：建立机构，明确具体的工作程序、工作步骤；在要求集体管理的同时，也强调个人负责；在体制建设、制度建设完成之后，学术管理以及行政管理都会变得更加规范；严格设定经费的使用权以及经费使用的决策权；赋予专家学者更高的学术管理地位，避免行政管理所占比例过重现象的出现；借助审议会议、联席会议以及咨询沟通等多种方式解决行政管理和学术管理之间的问题，保证二者的协调；教师除了可以自主制订教学计划、安排课程之外，应该有权力参与学科发展计划的制订。也就是说，教师既应该在教学当中发挥作用，拥有权力，也应该在学校事务管理方面发挥作用拥有权力。

（2）创造服务型的行政管理模式，突出行政管理以人为本的管理理念。服务型行政管理模式对高校发展来讲至关重要，服务型的行政管理模式要求行政管理人员除了具备基本的行政能力、管理能力之外，也要有较高的道德素养水平。这样，行政管理人员才能平等地对待教职工和学生，才能真正思考教职工的基本利益以及学生的基本诉求。

（3）坚持科学领导体制，规范使用权力。为了加强行政管理的服务职能，就必须坚持"党委领导下校长负责制"的高校领导体制。在高校内部系统中，党委领导是高校的核心，党委工作是高校全局工作的中心，只有校长切实执行党委的决定，全校的工作才能开展，高校的发展方向才能坚持。另外，需要建立和健全各项规章制度，以规章制度为高校行政管理的依据，促进管理人员依章履行职责，保证高校工作的顺利开展。

（4）倡导柔性化行政管理方式。将柔性管理理论应用于高校行政管理，不仅能调动相关人员的积极性、主动性，还能加强行政管理者与学术人员之间的沟通与交流，促进学校管理目标的实现。倡导柔性化行政管理需要做到以下方面：

第一，要树立民主的管理理念，增强师生的民主参与意识，建立并完善师生参与学校管理的各种决策和咨询机构，培养广大师生的主人翁意识和责任感，注重对人的情感感化，发挥柔性管理对内心的激励作用，促进和谐校园的建设。

第二，要时刻关注广大师生的情感需求，保证情感的凝聚作用能够发挥得淋漓尽致。柔性管理以人为中心，以尊重、理解人为前提，以被管理者能够在融洽的氛围中主动学习、工作为宗旨。高校行政管理若是能够拥有这样的爱人之心，就一定能形成强大的亲和力和凝聚力。

第三，加强各部门、人员之间的沟通与协作，形成向心力，保证高校的整体运行处在一个良好的人际关系基础之上。

（5）行政管理方式应该持续完善和优化，这样工作效率才能得到有效保障。行动管理人员在衡量学校教学时应该更多地关注教学活动产生的社会效果。也就是说，行政人员应该转变管理理念，不再执着于教学活动在学校内部所产生的效果，而是关注教学活动在社会当中引起的反响。高校在开展教学管理时，应该注重管理质量的提升，想要提升管理质量需要借助竞争机制。只有引入竞争，才能做到优胜劣汰，才能选拔出更适合某一岗位的工作人员，也只有引入竞争之后，才能根据工作人员的个人表现为其匹配适合的酬劳。具体来讲，行政管理方法方面的完善和优化可以使用以下措施：

第一，借助考评体系的建立加强管理职责。众多的高校行政管理体制当中，考核机制是至关重要又不可或缺的管理机制。考核机制可以检验学校的工作成果。考核机制想要发挥有效作用，那么制定的过程中就必须因地制宜。除此之外，高校在制定考核体系的过程中，必须坚持公平公正的基本原则，只有这样才能获得教职工的认可和信服。

第二，高校应该科学合理地设置岗位，并且优化职工晋升制度。高校各种行政管理岗位的设置需要综合考虑各部门的具体职能，然后根据各部门的工作需要设置行政管理岗位。高校在制定晋升机制的时候，需要考虑到岗位工作的难易程度。高校只有制定出了科学的职位晋升制度，才能激发工作人员的工作积极性。工作人员也只有在看到晋升希望的情况下，才会更加主动地提供服务，提高自身的素质能力。一个合理的、科学的竞争机制可以让行政管理队伍始终处于稳定状态，可以让行政管理队伍当中的人员稳定工作、积极服务。高校应该设置监管机制管理行政岗位，应该针对每一个行政岗位的特点为行政岗位设置具体的评判标准。具体来讲，评判标准当中应该涉及以下几个要素：工作特点、职责、目标、工作权限、岗位的任职资格、岗位要承担的责任风险以及岗位要求具备的核心技能。

第三，建立激励机制，保证各阶层都能够获得平等的发展机会。分析高校目前的行政管理机制主要有两种：首先，静态管理机制，此种管理机制会在全校范围内不同的阶层当中制定相同的奖赏标准惩罚标准；其次，动态管理机制，该机制会从工作成绩以及效果两个方面对管理人员的工作进行评判，在此基础上做出针对性的奖赏或者惩罚。分析两种管理机制，可以发现动态性管理机制可以更好地满足行政管理人员提出的发展需要。与此同时，也能激发工作人员的工作主动性。

动态管理机制想要充分有效地发挥作用，那么必须设置量化指标。与此同时，学校还要构建出有助于动态操作的管理环境。除了设置量化指标之外，还需要明确定性指标，也就是说，要综合开展目标考核工作、组织评议工作，如此做出来的评判结果才能是全面的、综合的。在评判过程中，应该综合评判管理人员是否做到了岗位的职责要求，是否对学校发展做出了积极贡献。高校需要根据评判结果进行酬劳分配，这样才能更好地激励行政管理人员积极投入工作。如果评价结果证实工作人员的业绩不达标，那么应该适当地批评，如果行政管理人员长期做不出明显业绩，长期完不成岗位职责，那么应该将其辞退。

（6）注重高校行政管理人员道德素养水平的提升。高校应该专门针对行政管理人员展开素养培训、知识培训以及能力培训，这样行政管理人员在工作过程中才能更好地收集信息、处理突发事件、预见风险。除此之外，高校应该呼吁和督促管理人员和研究学者展开交流，比如说可以借助论坛会议或者讲座的方式定期开展深层次的、有目的的交流，这样，行政管理人员可以更好地了解研究学者的需求，这有利于行政管理人员做出科学决策。与此同时，行政管理人员也能吸纳优秀研究学者的观点和想法，并且将这些观点和想法创造性地应用在学校行政管理体制的创新和改革当中。

（7）创新高校行政管理的技术方法。技术创新既可以加快信息传递速度，简化管理程序，缩短管理流程，提高管理效率，又可以降低信息失真的风险，增强信息的真实性、可靠性。先进的信息技术与高校行政管理的有机结合，会使行政管理方式和思维方式都有所改变，既能为高校带来直接的经济效益，又能增强高校的社会竞争力。高校需要通过建立各种实用数据库，提高信息的共享性、流通性，为行政管理工作提供一个科学开放的信息平台。

总而言之，高等教育行政管理体制的改革与创新并不是立即就能完成，它是一项复杂且艰巨的任务。因此，推行行政管理体制的改革与创新，必须树立正确的工作目标，并长期坚持，不断思考研究，深入实践，只有这样才能科学有效地做好高校的行政管理工作，推动我国高等教育事业的蓬勃发展。

二、高校行政管理人员的专业化建设工作

随着经济的逐步发展和社会进程的不断加快，我国的高等教育事业目前已经取得了很大程度的发展，而高等教育事业的发展必然又会对高等院校的管理体制及管理机构提出更高要求。因此，在自身发展过程中，如何使我国的高等教育向普及型教育转变、如何进一步加强高校行政管理员工的素质和专业化建设就显得十分重要。

（一）高校行政管理人员专业化建设的重要性

第一，高校管理人员自身素质的专业化建设有助于高校开展规范化管理，有助于高校进行管理制度的改革和创新。现在高校当中资源的分配协调以及运用由行政管理人员负责。所以行政管理人员的素质能力会对资源分配运用产生直接影响，也会对高校接下来的改革创新发展产生直接作用。高校为了适应社会的快速变化，需要转变管理方式，需要创新管理模式，需要改革和完善管理制度，这些工作的开展都需要行政管理人员有较高的素质和能力，所以，行政管理人员必须加强自身的素质专业化建设。

第二，高校管理人员自身素质的专业化建设有助于高校提供更高效率的教育服务。当下高校使用的教育投资体制和以前已然大不相同，大学生需要缴纳学费，高校也需要考虑社会对人才的需要以及大学生本身的自我发展需求来提供教育服务。所以，大学生不仅仅是高校教育出来的人才产品，也是教育过程当中的消费者。所以，大学生对教育的满意程度也在一定程度上成为了高校教学成果的衡量标准。而且在大学生具有择校自主权的情况下，学校之间明显竞争加剧。如此一来，高校只能借助优质服务来吸引更多的生源。所以，高校需要加强管理人员的素质专业化建设，这样才能提供更优质的服务。

第三，高校管理人员自身素质的专业化建设有助于高校经营效率的提升。法律赋予了

高校法人资格，所以，高校可以按照法律法规的规定自主办学。既然高校是法人实体，那么就必须进行经营文化管理，必须懂得如何经营，如何提高经营效率。高校需要在原有的制度当中，加入现代化的运营机制、管理制度，这样高校发展才能更多地依靠市场力量，才能更多地借助社会资本，而不是完全依赖政府的推动和扶持。高校想要融入市场，那么必须先学会如何面向市场，如何创造出属于自己的办学道路。因此，如果高校有高素质的管理人才，那么将更容易探索出自主办学道路，更容易提升高校经营效率。

第四，高校管理人员自身素质的专业化建设有助于学校依法治校。高校享有法律赋予的独立地位，需要通过机制建设以及行政管理来有效约束校内教职工以及学生的行为，需要制定出符合国家法律法规要求的规章制度，需要在管理过程中体现出法治意识。学校想要推进依法治校，那么需要管理人员具有法治意识，懂得法律知识，所以，高校必然需要加强行政管理人员的素质建设。

（二）高校行政管理人员专业化建设的必要性

高等教育的普及化、全球化甚至包括其内部结构的复杂程度，必然要进一步对高等院校行政管理人员的专业化建设进行加强。高校行政管理人员专业化是高等教育由精英教育向大众化阶段、普及化阶段过渡过程中的必然选择。

第一，高校行政管理人员专业化是高等院校迈进国际化进程的一部分。随着国际经济的迅速发展，高等教育迈进国际化的进程也势必加快。高等教育的国际化开放已经是一种不可更改的必然趋势。高等院校的国际化建设对于我国高等院校的发展而言，既是一种难得的机遇，又是一个严峻的挑战。

第二，高等院校行政人员的专业化建设是实现改革管理体制的必然要求。多年来，高等院校全面展开了内部管理体制的改革，一是对管理机构的编制进行了大规模的精简，以及在人员转岗分流方面进行了专业化的改革；二是在用人制度的改革、岗位职责的强化等方面，从整体上消除了由人设岗、浪费资源、耽误效益的问题；三是在分配制度的改革方面，尽量拉开高等院校行政管理人员的收入差距，实行多劳动、多收入、高效率劳动、高效率回报；四是在高等院校管理体制改革的深化方面，调整传统的结构体系，促使管理体制的重心下移；五是对后勤社会化方面，通过一系列的有效措施，如政府引导等，使高校后勤领域的管理体制进行规范的分离，逐步实现后勤管理的社会化、市场化以及专业化，从而在根本上实现高等院校办后勤、高等院校办社会的问题进行深化改革。以上五个方面的问题最终能否得到解决，都必然要求以高等院校管理队伍的专业化建设为基础。

（三）高校行政管理人员专业化建设的策略内容

高校行政管理人员专业化建设的策略包括以下内容：

1. 树立现代化教育管理理念

加快高校行政管理人员的专业化建设的前提应该是坚持树立科学、正确的高校管理思想，体现高校与义务教育的区别，坚持转变管理理念以及思想观念，行政管理人员一定要对自身的工作职责以及目标具有准确的定位。一定要加强专业化的培训管理工作，进一步深化改革，完善并加强制度建设，为高校行政管理工作提供可靠保证。

观念先于行为并指导行为，倘若想要提高教育管理水平以及办学的综合效益，那么就一定要改变传统的思想观念以及思想意识，进一步提高对教育管理工作的认识以及专业化的重视，树立科学的管理理念以及思想意识。为了进一步促进我国教育管理事业健康发展，早日实现进入世界一流水平的目标，一定要建立正确、科学的管理思想。建立科学的教育管理思想需要注意以下关系：

（1）管理和服务的关系。管理不仅是指挥以及为人们提供服务。因为管理与服务本来就是互相矛盾的事物，但两者又存在辩证统一的关系。如果服务工作做得令人满意，那么将会对管理工作起到正面的、积极的作用，因此科学有效的管理实际上自身就是很好的服务行为。

（2）科学管理与经验管理的关系。我国的教育规模变得越来越大，文化普及程度也逐渐提高，高校与社会的联系也变得更加紧密，如果在这个日新月异的时代仍然凭着经验进行管理，那么我国的教育事业将很难对社会的变化做出非常灵敏的反应，也不能预测阻力的发生。因此教育行政管理人员应该铭记科学管理，让管理出效益、出成果，管理就是教育的生产力，管理也是一门艺术。

2. 加强管理队伍专业化建设

教育管理的相关工作者应该严格把控"入口关"，加强行政队伍的专业化建设。在现有的管理团队中可以选派一些不仅具有较高学术造诣又具有管理和组织能力的业务骨干，将他们设置在学术性的管理工作岗位中。教育管理工作人员中，有些人员有志在行政管理工作中大展宏图，具有很强的责任心、较强的业务能力、较强的综合管理能力，善于协调各方面的行政事务、具有科学的管理思想、善于学习充实自身，努力提高这些人的政治素养以及思想觉悟，将有利于以后行政管理工作的开展。教育管理一定要按教育的规律办事，将有先进教育思想、丰富行政管理经验的人才培养成学术型管理人才。对热忱于教育行政事务的人才，为他们提供良好的发展平台，并将其列为重点培养对象。对于长期从事行政管理工作的企业家或者经济师等，可以将他们安排在与行政管理工作相近的岗位，这将会有助于改变教育机构效率不高、故步自封的现象。

3. 提高行政管理人员专业化水平

依据管理人员的发展方向进行有目的地培养，只有这样管理工作才会更有成效。对在校的行政管理人员进行脱产学习与实际不相符，因此施行校本培训是最佳的选择方案。而且校本培训可以更具针对性，根据本校行政管理工作的实际需要进行培训，由学校的人事等相关部门进行策划，可以外聘培训机构的人员，要讲究培训课程、培训方式的专业化，目的是提高行政管理人员的专业化水平。高校应该加强对专业化的重视程度，完善管理制度，改进管理理念，提高管理技术，科学运用管理方法，从而提高行政管理人员的专业化水平。

三、高校行政教育管理的信息化建设工作

"行政管理作为高校管理的重要组成部分，其管理工作在大数据时代也迎来了新的挑战，如何落实行政信息化管理逐渐成为高校提高自身教育管理信息化水平的重要基础。"[1]

(一) 高校行政教育管理信息化建设的重要意义

最近几年技术快速发展，大数据技术在社会各行各业当中普遍运用。高校也不例外，也引入了大数据技术，以此来推动学校在管理方面的信息化转变。目前，大多数高校都已经完成了信息化管理改革。信息技术的加入打破了传统管理模式下管理的局限，也解决了很多管理问题，信息技术的应用在一定程度上为学校的管理提供了便利，也加强了学校的竞争力。

从客观角度分析，引入大数据技术之后，高校行政管理工作将会更加细致，更加微观，而且数据可以为决策的制定提供支持。学校可以通过挖掘学生的日常生活数据来全面地分析学生想法、学生行为、学生需要，进而为学生提供更适合的教育服务、生活服务。大数据技术引入之后，学校的数字化建设、科技化建设速度有了明显的提升。整体来看，学校管理信息化水平有了较大提高。

(二) 高校行政教育管理信息化建设的具体挑战

1. 行政信息化管理人员的信息化意识有待加强

就目前来看，高校行政管理作为高校管理的重要组成部分，其管理质量和管理效率与教育管理水平之间存在一定的内在联系，但纵观在当前高校学生整体行政管理工作现状来看，由于管理人员信息化意识不强，在进行管理过程中仍采取传统的管理模式，拒绝围绕基础信息对学生进行规范管理，在影响行政信息化整体管理质量和管理效率的同时，也对学生全面发展造成了极为不利的影响。除此之外在当前大数据时代背景下，虽然部分高校建立了信息化管理系统，打破了传统行政管理的局限性，但在实施过程中，由于管理人员

---

[1] 刘奎汝. 解析大数据时代高校行政管理信息化建设 [J]. 中外企业家，2020 (18)：40.

未能从根本上将信息化管理模式主动投入管理工作中，学生数据的筹集以及统计工作难以有效落实，大数据技术应用优势难以充分发挥的同时，后期各部门的管理工作质量和效率也势必将受到一定影响。

2. 行政信息化管理人员综合素养亟待提高

行政管理信息化建设人员作为高校行政管理信息化建设的主体，其自身专业能力和综合素养水平的高低，在一定程度上对高校行政信息化管理质量和效率具有直接影响，而从某方面来讲，随着近年来高校建设规模和数量的持续增加，部分高校为满足人员配置需求，不断地降低人员选拔标准，导致聘用的工作人员无论是专业能力还是综合素养，都难以满足高校行政管理工作开展的需求，在降低行政信息化管理工作效率的同时，教育管理水平也势必受到一定影响。在当前大数据时代下，部分高校行政信息化管理工作人员仍秉承着传统管理理念，在行政信息化管理工作中无法以大数据为视角制订具体发展方向和规划，长此以往可能会给学生整体发展造成极为不利的影响。

（三）高校行政教育管理信息化建设的策略内容

1. 建立健全高校信息化教育管理的平台

步入大数据时代之后，高校传统人工管理慢慢地被信息化管理替代，高校现在以信息化行动管理作为主要的管理方式。高校目前应该积极建设行政信息化管理平台，这样信息化管理模式才能最大程度地发挥作用。建设平台之后，各项信息化管理工作能够更好地得到落实，而且学校各部门可在平台当中进行信息沟通、信息交流，这在一定程度上提高了高校管理系统的活力，高校预期管理目标更容易实现。

高校创建信息化教育管理平台，需要始终站在学生的角度思考学生的需要，也就是说，高校行政管理工作人员应该以学生为本，从学生的角度思考管理问题，落实管理工作，为学生提供更适合他们、更有利于他们开展生活、开展学习、开展科研活动的校园氛围。除此之外，学校还应该让行政信息化管理平台在网络教育方面发挥作用，应该以平台为依托定期举办网络教育活动，让网络教育变成常态化的教育形式。

2. 构建高校行政信息化管理人员的培训机制

高校行政信息化管理工作人员主要负责信息化管理方面的工作，其专业能力水平会直接影响到学校开展的一系列信息化建设工作。所以，高校需要对行政信息化管理人员进行培训，定期开展培训工作。这样，学校的信息化建设才能稳定有序推进，学校才可能借助信息化建设提升自身的创新能力、竞争能力。在步入大数据时代之后，高校为了更好地发展行政管理信息化，为了保证行政管理信息化的稳定，陆陆续续选拔了很多掌握信息化管理能力、具备信息化意识的工作人员。在招聘工作人员时会着重考查工作人员的专业能力。高校除了在招聘过程中提高招聘标准之外，还注重在日常工作中对技术人员开展能力培训。高校在开展培训的过程中，应该注重培训的由浅入深。在前期，高校可以开展与信息化系统建设有关的浅层培训，然后在后续的工作中逐渐加大培训力度、培训难度，这样可以更好地引导信息化工作人员形成自主学习意识、自主学习习惯。意识形成、习惯养成之后，行政管理信息化建设工作将会更顺利地推进。

3. 优化高校行政信息化管理工作的设备保障

高校开展行政信息化管理工作需要依赖先进的硬件设备的支持，所以，高校应该优化行政信息化管理工作设备的配备情况，为信息化建设提供完善的设备支持。高校行政管理过程中，工作人员一直接受的是传统的管理理念，使用的也是传统的管理方法，所以，在新鲜事物出现的时候，行政管理工作人员可能会对新事物有一定的抵触情绪，在接受新事物的时候，接受能力比较低，接受速度比较慢。虽然学校目前在加速推进信息化系统的建设工作，但是，如果学校自身的管理设备不更新，那么学校后期的信息化管理工作的开展也必然会受到不良的影响。而且设备的落后也导致学校存储的信息的安全性，这在某种程度上也不利于学校的整体稳定发展。

高校在持续推进行政管理信息化建设的时候，也要关注到信息化建设当中的一些特殊问题。举例来说，学校应该保证管理系统可以在高峰期依旧安全稳定地发挥作用。学校应该要求工作人员着重关注网络的高峰期运用情况，适时地对网络稳定性进行调整，保证网络可以为教职工以及学生提供稳定服务。网络的稳定除了可以为教职工和学生提供更便利、更稳定的服务之外，也有助于维护学校的网络信息安全。除此之外，学校各个部门也可以借助稳定的网络和设备进行信息共享、信息交流，这极大地提升了学校行政管理工作的工作效率。

综合来看，在步入大数据时代之后，高校行政管理工作环境出现了较大变化，行政信息化管理工作遇到了新的发展机会，但是也遇到了一些问题和挑战。在这种情况下，如何开展行政信息化工作、如何保证行政信息化工作的稳定开展是高校要思考的重点问题。高校的信息化建设直接影响到学校的整体实力和社会竞争力，所以，对高校来讲，当下的重中之重是先建设健全的信息化管理平台，然后进行管理人员的信息化培养，并且为各项工作的开展提供完善的设备，制定合理的科学的机制。只有在做好各项基础工作之后，院校的行政信息化管理工作的开展才能得到有效保障。

第三节 高校教育队伍管理工作

一、高校教育队伍管理工作的内容

（一）课堂管理

课堂管理是教师为了保证课堂教学的顺利进行，协调、控制课堂中各种教学因素及其关系，如人与事、时间与空间等，使之形成一个有序的整体，促进学生积极参与教学活动，从而实现预定教学目标的过程。课堂管理是课堂教学过程的重要组成部分，是开展教学活动、完成教学任务、实现教学目标的保证。课堂管理和课堂纪律的意义不能等同，课堂管理比课堂纪律意义更广泛一些。课堂管理是管理学生课堂学习的教师行为和活动；而课堂纪律则是学生行为适当的标准，这些标准蕴含在课堂活动中，表现为指向性的任务。换言之，教师采取某些方法和措施来处理学生的行为问题以减少它的存在。

1. 课堂管理的目标

课堂管理应促进学生的学习和发展，它的重要意义主要表现在它要实现的目标上，具体如下：

（1）争取更多的时间用于学习。课堂管理的一个重要目标就是尽量争取更多的时间用于学习。学生的学习时间有限，学校对教学时间、自习时间、劳动时间、休息时间等都作了明文规定和安排，教师要在所规定的教学时间里为学生争取更多的学习时间。为学生争取更多的时间用于学习有直接和间接两种方法。第一，直接的方法与争取时间直接有关，重要的是教师不要旷课、不迟到早退、上课后尽快使学生安静下来等，这是学校对教师的起码要求；第二，间接的方法包括课堂管理的所有措施，如处理学生不良行为，这些措施都为学生争取了学习时间。

（2）争取更多的学生投入学习。每一个课堂活动都有自己的参与规则，这种在不同的活动中如何参与教学活动的规则通常被称为参与结构，它规定学生要成功参与某一个活动，就必须理解参与结构。为了使所有的学生都顺利投入学习活动，教师要确保每个学生都知道如何参与每一个具体的活动，使他们知道课堂教学的规则和期望，与此同时，教师还要思考这些规则是否适合于学生等。

（3）帮助学习自我管理。任何课堂管理都有一个目标，就是帮助学生能很好地管理自己。让学生对自己的课堂行为进行自我管理：第一，让学生更多地投入课堂规则的制订；第二，用较多的时间要求学生反思需要某些规则的原因以及他们产生不良行为的原因；第三，教师应当给学生机会考虑他们将怎么计划、监控和调节自己的行为；第四，教师可以要求学生回顾一下课堂规则，提一些必要的修改建议。

2. 课堂管理的功能

课堂管理的功能主要包含以下方面。

（1）课堂管理的维持功能。课堂管理的维持功能是在课堂教学中持久地维持良好的内部环境，使学生的心理活动始终保持在课堂上，以保证教学任务的顺利完成。课堂管理的维持功能主要表现在：第一，课堂里随时可能发生突发事件，影响原有和谐的师生关系和学生关系，课堂管理有助于缓和与解决各种冲突，维持和谐人际关系；第二，课堂管理需要制定符合教学目标的课堂行为准则，有助于协调课堂教学步骤，维持课堂纪律；第三，课堂管理有利于维持良好的课堂气氛，从而帮助学生适应环境的变化；第四，课堂管理有助于调节课堂教学过程中的过度紧张和焦虑，维护身心健康，矫正问题行为。

（2）课堂管理具有的促进功能。教师需要在教学过程当中为学生提供适合学习的学习氛围，创设适合的学习环境，这样的环境和氛围能够促进学生的知识吸收、知识理解，加速学生的学习过程。教师创造出的适合学生学习的环境和氛围能够满足学生的学习需求，能够激发学生的潜能。具体来讲，课堂管理通过以下四种方法来发挥自身的促进功能：首先，课堂管理能够调节课堂当中的师生关系、学生和学生之间的关系，在实施有效的课堂管理之后，师生可以共同努力，一直朝着教学目标的方向前进；其次，课堂管理可以营造出更好的课堂氛围，这有助于学生遵守课堂行为规范；再次，课堂管理有助于班级集体结构向更优化、更完善的方向发展；最后，课堂管理可以让学生明确地知道教学目标，这在一定程度上保证了课堂活动可以向着明确的方向发展。

（3）课堂管理具有的发展功能。实施课堂管理之后，学生会了解到课堂应该遵守的一些准则，这有助于学生进行自我约束，有助于学生形成自律能力，这在一定程度上促进了学生的全面发展。

3. 课堂管理的内容

课堂管理包括课堂人际关系管理、课堂环境管理、课堂纪律管理等方面，课堂人际关系的管理是对课堂中的师生关系、同伴关系的管理，包括建立良好的师生关系、确立群体规范、营造和谐的同伴关系等；课堂环境管理是对课堂中教学环境的管理，包括物理环境的安排、社会心理环境的营造等；课堂纪律管理是课堂行为规范、准则的制订与实施，应对学生的问题行为等活动。

(1)课堂人际关系管理。人际关系是人与人之间在相互交往过程中所形成的比较稳定的心理关系或心理距离，它的形成与变化，取决于交往双方满足需要的程度。积极的课堂以师生之间、学生之间五项原则的人际关系为前提。课堂管理的一项重要任务就是促进师生之间、学生之间形成良好的人际关系，为有效教学创造社会性条件。

第一，师生关系。师生关系是教师和学生在教育、教学过程中结成的相互关系，包括彼此所处的地位、作用和相互对待的态度等。师生关系既受教育活动规律的制约，又是一定历史阶段社会关系的反映。师生关系中最基本的表现形式是教育关系，这也是师生关系的核心。除了正式的教育关系，师生之间还有因情感的交流而形成的心理关系。与此同时，教育作为一种特殊的社会活动，折射着社会的一般伦理规范，反映着教育活动独特的伦理矛盾，因此，师生关系也表现为一种鲜明的伦理关系。师生之间的伦理关系是在教育教学活动中，教师与学生构成一个特殊的道德共同体，各自承担一定的伦理责任，履行一定的伦理义务。良好师生关系的建立需要师生共同努力，做到互相尊重、相互理解、密切交往、互相关怀以及真诚对话。

第二，班级群体。班级群体是由学生按照特定的目标和规范建立起来的集体。班级群体有正式群体和非正式群体之分：一是正式群体是在高校行政部门、班主任或社会团体的领导下，按一定章程组成的学生群体，通常包括班委会、团支部等，负责组织开展全班性的活动；二是非正式群体是在同伴交往过程中，一些学生自由结合、自发形成的小群体，其特点是人数较少，成员的性格、爱好基本一致，经常聚集在一起活动，制约性强，可塑性大。对于非正式群体的管理，教师需要清楚了解非正式群体的性质，对于积极的非正式群体给予鼓励和帮助；对于消极的非正式群体给予正确的引导和干预。

第三，同伴关系。同伴关系是在同学之间进行交往和相互作用的基础上建立起来的心理关系，它是除教师之外的班级成员间关系的总和，包括学生个体之间的关系、班级内的学生群体之间的关系以及学生群体与个体之间的关系。根据同学之间是相互吸引还是相互排斥，可将同伴关系分为友好型、疏远型与对立型。促进学生同伴关系可通过培养学生的交往技能，增加课堂教学交往活动，组织课外交往实践活动以及培养学生的亲社会行为等途径实现。

(2)课堂环境管理。课堂环境可以分为"硬环境"和"软环境"两个方面，其中，"硬环境"主要是课堂中的物理环境，如座位、光照、活动区域等；"软环境"主要是课堂中的社会心理环境，如课堂气氛、学习目标定向等。

第一，物理环境。课堂物理环境是课堂内的温度、色彩、空间大小、座位编排方式等时空环境和物质环境（表2-1）。

表 2-1　物理环境

类别	内容
座位的安排	座位安排有四种方式：分组式、剧院式、半圆式、矩形式。座位的编排方式对学生的课堂行为、学习态度、学习成绩、人际关系以及整个教学活动都有直接或间接的影响。为了发挥座位安排的积极作用，座位安排时应遵循的基本原则有：服务于教学的原则；定期变化原则；减少干扰原则。
温度、光照和噪声	不合适的温度、光照和噪声往往会使学生产生消极的情绪反应，不能集中注意力，自我控制力下降。因此，在条件允许的情况下，应尽可能使教室的温度适中、光照适度，把噪声降到最低程度，使学生产生一种愉悦的感觉和积极的情绪，从而减少不良课堂行为。
教室空间大小	教室空间大小对课堂教学的影响表现为两方面：一方面，狭窄的教室空间会让学生产生压抑感，影响学生学习时的情绪，也不利于教师在课堂上巡视或了解学生对教学的掌握情况；另一方面，教室空间过大，过于空旷，则不利于学生集中注意力，也会影响课堂教学的效果。
课堂时间	课堂中的时间因素与学生在课堂中的学习行为及学业成就有着较为密切的关系，因而也是在课堂管理中不容忽视的重要内容。学生的学习时间可分为三种：名义时间、教学时间和学术时间。第一，名义时间是学校活动的时间总量，如一所学校每学期多少天，每天多少小时。在名义时间中，有的时间用于学科的教学活动，有的时间用于用餐、课间休息、集会等活动，这就是分配时间。第二，教学时间是教师将课堂活动的时间转换成建设性的学习活动时间。在教学时间中，学生专注于指定活动的实际时间，即专注时间。第三，学术时间是学生花费在学业任务上并取得成功的时间，它不包括学生听不懂或理解错误的时间。专注时间与学生学业成就存在着正相关，学术学习时间与学生的学业成就有相当稳定的正相关关系。 为了提高专注时间和学术时间的比率，课堂时间的优化管理策略包括：坚持时间效益观，最大限度地减少时间的损耗；把握最佳时域，优化教学过程；保持适度信息，提高知识的有效性；提高学生专注率，增强学生的学术学习时间。

第二，心理环境。与物理环境相比，课堂中的社会心理环境对课堂教学的影响更大。其中，课堂气氛和课堂目标结构是最为突出的两个影响因素（表 2-2）。

表 2-2 心理环境

类别	内容
课堂气氛管理	课堂气氛是课堂里某种占优势的态度与情感的综合表现，它常被比作"组织人格"。正像每个人都具有自己的独特人格一样，每个课堂都有自己独特的气氛。一般情况下，课堂气氛可以分为积极、消极和对抗三种类型： 第一，积极的课堂气氛的特征是课堂纪律良好，师生关系融洽；学生精神饱满，注意力集中，专心听讲，积极思维，反应敏捷，发言踊跃；教师善于点拨和积极引导；课堂呈现热烈活跃与祥和的景象。 第二，消极的课堂气氛特征是课堂纪律问题较多，师生关系疏远，教师不善于调控；学生注意力分散，情绪压抑等。 第三，对抗的课堂气氛的特征是课堂纪律问题严重，师生关系紧张，教师无法正常上课，时常被学生打断或不得不停下来维持课堂纪律，基本上是一种失控的课堂状态。要营造积极的课堂气氛，教师通常需要建立和谐的课堂人际关系、运用灵活多样的教学方式、采用民主的领导方式、给予学生合理的期望。
课堂目标结构	课堂目标结构是一个班级中由奖赏机制决定的占主导地位的学习目标取向。课堂目标结构可以分为竞争、合作和个人主义三类：第一，在竞争性目标结构中，学生认识到他们的奖赏取决于与他人的比较，只有他人失败时自己才能取得成功；第二，在合作的目标结构中，学生认识到他们必须与他人合作才能获得奖赏；第三，在个人主义的目标结构中，学生们认识到奖赏取决于自己的努力，不需要关心他人是否取得成功，他们的目标是达到自己或者教师提出的学习标准和要求。 一般而言，竞争、合作、个人主义都是开展高校课堂环境的手段，它们适用于不同的学习情境，并没有绝对的优劣。在我国的课堂教学中，教师所营造的多为竞争和合作的课堂目标结构，对这两种目标结构的积极和消极作用，教师要清楚把握，协调合作与竞争的关系，使两者相辅相成，成为促进课堂管理功能和调动学生积极性的有益手段。

（3）课堂纪律管理。在课堂教学中，难免出现各种课堂问题行为，干扰教学活动的正常进行。有效的课堂纪律可以通过营造良好的课堂秩序、减少学生的不当行为来促进学生学习。课堂问题行为是在课堂中发生的，违反课堂规则，妨碍及干扰课堂活动的正常进行或影响教学效率的行为。课堂问题行为是教师经常遇到而又非常敏感的问题，处理不好，就会损害师生关系和破坏课堂气氛，影响教学效率。课堂问题行为可以分成人格型、行为型和情绪型三种类型。

第一，课堂问题行为产生的原因。课堂问题行为不单是学生自身的问题行为，还是各种问题的综合反映。课堂问题行为的产生有以下三方面的原因（表 2-3）：

表 2-3 课堂问题行为产生的原因

类别	内容
教师因素	课堂问题行为的产生与教师有直接或间接的关系，教师的教育失策会导致学生产生问题行为。教师的教育失策主要表现为：错误的观念指导、管理失范和教学水平较低。教师错误的教学观、学生观、师生观会导致错误的行为，从而引发学生的问题行为。部分教师把追求升学率作为教学的指导方向，把分数作为唯一的目标，这样教师会重智轻德，对学生进行超负荷的灌输，学生丧失主动性，会对学习产生厌倦心理；部分教师忽略学生的情感，这会使学生产生被忽视的心理；部分教师不能正确看待师生关系，这样会挫伤学生的自尊心，致使他们产生问题行为。 教师在课堂上的管理失范表现为两种行为：第一，放弃管教的责任，采取不闻不问的立场，放弃学生，不能使课堂形成良好的课堂气氛和教学环境，学生也因缺乏指正的机会而出现违反课堂规则的行为；第二，教师对学生的问题行为做出过度敏感的反应，学生容易与教师发生摩擦，从而导致行为失范。此外，教师自身的职业技能水平较低，容易导致教师在学生心目中威信降低，进而引起课堂问题行为。
学生因素	课堂中的问题行为大量是由学生的身心因素引起的，如性别上的差异、生理上的缺陷、心理上的障碍等。学生生理上的缺陷容易使学生产生问题行为，如学生视、听、说方面的障碍，学生发育期的紧张、疲劳、营养不良等。心理障碍也是构成学生问题行为的重要原因，它主要反映在焦虑、挫折和性格等方面。例如，焦虑会使学生灰心丧气、顾虑重重，挫折会引起学生的情绪波动。学生个性方面的问题也会导致问题行为，过于内向的学生会产生退缩性行为，过于外向的学生会产生攻击性行为。

第二，课堂问题行为的管理策略（表 2-4）。

表 2-4 课堂问题行为的管理策略

类别	内容
运用非言语线索	教师要善于觉察课堂里每一个学生是否都在专心听讲，当发现有学生行为表现不良，就要运用非言语线索加以制止。非言语线索主要包括目光接触、手势、身体靠近和触摸等，如对表现不良的学生保持目光接触就可能制止其不良行为，还可以走过去停留一下，或者把手轻轻地放在学生的肩膀上等，既可制止不良行为，又不影响课堂教学秩序。

续表

类别	内容
运用积极的语言	教师可以运用积极的语言来调控学生的行为，在学生违反课堂学习纪律后，立即给以简单的言语提示，将有助于制止纪律问题。言语提示的内容不要纠缠于学生的不良行为，而应是学生应该怎样做的正面提示，这能够表达对学生未来课堂行为更积极的期望。
合理分配、调整学生座位	通过分配学生座位来激发学生对纪律的追求，从而发展学生的自律态度。学生的课堂学习行为要受其座位的影响：坐在前排和中间座位上的学生最易为教师所控制，其课堂行为大多是积极的；而在教室后排的学生总觉得被教师忽视，或者放松要求和约束，以为教师不会注意自己而出现消极行为，或者为了引起教师或同伴的注意而产生过分行为。
引导学生积极参与学习活动	学生在课堂上出现问题行为，往往是因为他们觉得无所事事。因此，教师可以指导学生从事一些学习活动，使他们没有空闲时间，从而减少问题行为的产生。但需要注意的是，学习活动要适度，过多的学习活动或学习任务，会导致学生疲劳、烦躁、厌倦，从而再次引发问题行为。
进行心理辅导	学生的问题行为往往有其心理根源，因此，要从根本上解决他们的课堂问题行为，教师应注意对其进行心理辅导。对问题行为学生的心理辅导要注意：第一，耐心倾听、接受、理解，而不是批评、指示、强制教育；第二，帮学生找到产生问题行为的原因，分析问题行为带来的影响；第三，为学生制订适宜的课堂行为目标；第四，对其进行情感疏导，消除问题行为背后的情感根源。

（二）知识管理

知识管理是一个动态的系统，它通过识别、获取、开发、分解、储存、传递知识来实现知识在这一系统中的流动，不断促进知识的转化和生成，从而实现知识的连续性循环的过程。知识管理的实质在于知识的创新与共享，注重利用现存的知识进行创新，创造出新的价值，让需要知识的人，很方便地利用知识。知识管理注重"做正确的事情"（结果），而不是"正确地做事情"（过程）。知识管理是以知识为中心，是通过对知识的获得、存储、应用、流通过程进行管理，提高知识本身效用的工具、手段及方法。进行知识管理的最终目的就是通过群体的协作过程创造知识、共享知识、利用知识，并将知识直接作用于提高群体效率和竞争力。"知识管理的实质便是努力创造一种有效的机制，发挥人的潜能，调动其学习的积极性和创造性，使其能力得到最快的提高，以更好地为社会创造出价值"[①]。

---

① 李燕. 新时期高校教师能力培养与专业化发展探究［M］. 成都：四川大学出版社，2018：99.

1. 教师知识管理的特性

高校教师知识管理的特性主要包含以下方面：

(1) 个人性。高校教师作为高级知识分子，工作的独立性较强，其知识结构的专业化程度较高，在知识构成方面除了拥有可以通过书籍、文字、数据编码等方式来表示的显性知识外，更多的是存在于高校教师头脑中尚未外显化的、难以表达的、难以正规化的隐性知识。而对这些知识的管理具有鲜明的个人化特点，它是高校教师个人在长期的知识获取、使用和创造的过程中逐渐积累形成的，与教师个体的体验和经验紧密相关。

(2) 动态性。在知识经济时代，知识更新的速度明显加快，知识和信息的迅速增长与衰退是该社会的一大特征。高校教师作为知识传播者和创造者，必须跟上时代的步伐，不断更新和完善自己的知识结构，丰富和充实自己的知识，并将它们及时传授给学生。教师要能根据学生的需要和时代的特点，随时调整自己的教学方式，使知识能以不同的形态呈现出来，满足教学需要。这是教师教育知识管理动态性的体现。教育知识管理的动态性不仅是社会对教师提出的要求，也是教师自身生存和发展的必然要求，更是做好教学工作的现实需要。

(3) 转化性。借助知识管理，高校教师能够拓宽知识面，扩大自身的知识储备量。知识面的扩大程度、知识储备量的增加程度取决于教师自身的教育知识管理能力水平。除此之外，如果高校教师的教育知识管理能力水平比较高，那么教师将会对知识做出更加适合的处理，以此来让学生更好地接受知识、理解知识。教师在传递知识时，除了传递那些显而易见的显性知识之外，也要向学生传递一些被遮蔽起来的隐性知识。在学习的过程中，教师教育知识管理能力如果比较高，那么学生将会获得更多的收益，学生知识的吸收速度、知识的累积速度都会慢慢变快。在教师的影响下，学生也会慢慢地掌握知识管理技巧，形成知识管理能力，这有助于学生的终身学习以及学习过程中的知识创新。

(4) 分享性。教师所具备的专业知识存在一定的差异，所以，教学不可能完全由一个教师负责，必然需要多位教师的共同配合，共同努力。教师在作为个体开展教学时，需要向学生传授学科知识、学习方法，向学生分享学习经验。教师在作为组织成员参与整个教师团队的交流的过程中，也要和其他的教师分享自己的教学经验，这样教师才能逐渐提升自身的教学能力，进而提高教学成效。

(5) 整合性。教学涉及知识的传播、知识的获取、知识的转化以及知识的创造。在一系列的教学环节当中，如果教师只掌握了专业知识，那么教学过程很难顺利推进，一名优秀的合格的教师需要同时掌握专业知识、心理学知识、教育学知识以及信息技术知识，并且还要将这些知识和实际的教学需要结合起来，这样才能获得好的教学成效。所以，教师需要将自身掌握的多种知识进行一定程度的整合。在此基础上，将整合之后的知识和学生的学习过程联系在一起，这样就可以顺利完成知识的传递。

（6）实践性。教育教学和实践有着紧密联系，教育教学过程中的很多问题是不确定的，而且教学情境的设计、教学环节的设计都可以按照实际需要展开，这就要求教师灵活地根据教学实践的需求改变教学情境。只有教师灵活地做出了适合的应对，教学才能获得良好成绩。教师想要形成灵活应变能力，需要不断地实践，不断地思考，不断地反思。教师教学实践知识的形成、实践能力的提升也是教师专业化发展的表现。

2. 教师知识管理能力的培养

（1）加强教师知识管理能力的训练。早在知识管理概念产生之前，教师作为"传道、授业、解惑"者就在或多或少地运用知识管理的方法教书育人，这种知识管理的萌芽可能处于一种无意识的状态。在知晓知识管理概念之后，教师应该把无意识变为有意识，在自己的工作和学习中自觉运用知识管理的方法和策略，加强自身知识管理能力的培养，提高工作和学习的绩效。

第一，高校教师要自觉加强个人专业知识的管理。高校教师在知识获取方面一般都具有较强的能力，他们能够从纷繁复杂的信息中，获取对自己有用的知识，但从知识管理的角度而言，高校教师除了连续不断地获取新知识外，还应该经常对自己的知识进行梳理、分类和总结，教师可以利用现代信息技术，建立个人知识电子档案，将自己获取的知识进行分类管理，以便于查找和使用。此外，还要注重将自己大量的隐性知识通过思考和归纳转化为显性知识，以促进知识的生产和创造。

第二，高校教师应该积极主动地积累教学实践经验，提升自身在教育知识管理方面的能力水平。教育知识管理涉及很多环节和步骤，其中主要环节是知识传播。教师需要借助自己的专业知识以及教学经验，使用正确的知识管理方法将知识有效地传递给学生。与此同时，培养学生的知识管理能力。在教学过程中，教师可以开展研究性学习、探讨性学习或者合作式学习，培养学生的知识获取能力、知识分析能力、问题处理能力、知识结构建构能力以及方法创新能力。在教师的针对性培养下，学生更容易形成知识管理能力。在进行这些方面的培养时，除了学生的知识管理能力有所提升之外，教师也会受到有利影响，教师本身的知识管理能力水平也会有所提升。

第三，高校教师应该主动积累实践性知识，主动反思教学当中的实践性知识。高校教师可以根据教学记录来反思教学理论和教学实践之间是否彼此验证，在反思的过程中，教师也会获得一定的教学感悟，也会持续优化教学使用的方法。在教师有意识地主动地去记录教学问题、教学情境的情况下，更容易获得有效的教学经验，更容易积累教学实践知识，更容易提高教育知识管理能力。

（2）建立教师学习共同体。知识如果独立地存在于某一个人的大脑当中，那么没有办法发挥更大的作用，知识最大的用处在于被分享、被推广、被传播。知识共享之后，会变成教师群体的集体智慧，这有利于更多的教师参与到知识创新当中来。高校当中的教师知识储备非常丰富，而且掌握很多与知识创新有关的隐性知识。但是，从现状来看，高校教师之间的交流非常少，知识没有充分共享。之所以出现这样的情况，主要是受到以下三个因素的影响：首先，高校使用的是直线式的管理方式，教师和管理者之间有较为严格的等级划分，在这样的情况下，教师只会按照领导做出的安排开展工作，而没有关注工作范围之外的其他事项，也不会和同事进行工作内容的交流探讨；其次，学校并没有为教师之间的交流提供专门的渠道；最后，教师并没有形成知识交流、知识分享的思想意识，没有主动分享知识的欲望。这些问题想要有效解决，那么需要先建立以知识分享为主旨的学习共同体，将教师集合到共同体当中，然后引导教师分享工作经验、工作方法，共同交流工作当中出现的问题。如果专业相同或者专业内容有交叉，那么教师之间还可以开展知识技术等方面的交流探讨。此外，不同的教师有不同的教学风格，教师之间还可以进行教学风格方面的交流。综合来看，多方面的交流有助于知识分享，有助于知识在更大的范围内应用。

团队学习以个体学习为前提，是众多个体学习成果的聚集。团队学习可以帮助教师个体吸收了解其他知识，这有助于教师教学水平的整体提升。建立教师学习共同体的时候可以使用多种方式，比如说可以由教师自主发起组建学习共同体，也可以由学校负责组织发起，除此之外，也可以由其他的社会教师组织发起。教师学习共同体构建完成之后，教师们应该持续性地开展合作学习、团队学习。在相互合作，相互配合的过程中，所有教师的潜能都能够得到有效的激发和调动，整个教师团体将会展现出更强的核心竞争力。

（3）为教师知识管理能力的提高创造有利条件。高校是知识传播、活动举办、创新活动的重要阵地，高校能否向社会输送更多的知识成果主要取决于高校当中教师的教育知识管理能力。高校管理者需要掌握管理方面的相关知识，需要懂得教育学知识、心理学知识，需要教育知识管理能力达到较高的水平。这样，学校管理者才能着重提升教师们的教育知识管理能力，才能开展体制方面的建设，为教师们创造更有利于交流的机制或平台，才能推动学校建立更多的教师学习共同体，为教师群体之间的知识交流、知识分享、知识合作提供浓厚的校园氛围。在学校内部有了浓厚的知识交流氛围之后，教师们自然也会受到影响，开始在意识当中关注知识共享，开始在行动当中主动地分享知识、交流知识。学校领导者还应该专门针对知识共享制定激励措施，对于在知识共享当中表现优秀的教师，适当地给予相应的奖励。当教师们发现知识共享获得的利益比自己对知识的单独占有利益高时，自然而然都会主动参与知识共享，主动参与教师学习共同体的活动。除此之外，学校也可以举办与知识交流、知识共享有关的培训活动，借助活动举办提升教师的教育知识管理能力。

　　学校除了完善相应的制度之外，也应该为教师开展知识共享活动提供信息网络支持、知识库支持。教师需要借助信息网络以及知识库的帮助来提升自身的教育知识管理能力。在引入现代信息技术之后，教师可以依托技术获取知识、分享知识，在现代信息技术的帮助下，教师自身的教育管理能力有了一定程度的提升。对于现代高校当中的教师发展来讲，现代信息技术已经成为了重要的教学手段，它是教师自我提升以及教师开展工作需要使用到的重要工具。高校在综合掌握技术优势以及人才优势的情况下，应该依托学校自身的资源、设备、场馆建设网络知识管理体系。网络知识管理体系当中，应该建有数字化图书馆、数字化教学知识库以及智能网络系统。网络知识管理体系应该分门别类地对知识进行分类管理，并且按照概念导图或者思维导图的方式将知识按照标准按照具体特征划分开来，这样师生才能便捷地运用网络知识管理体系在平台当中交流知识、分享知识。与此同时，高校还应该借助数据挖掘技术以及其他的管理技术充分挖掘教师的隐性知识，让教师的隐性知识可以尽可能地发挥作用，帮助学生提升知识管理能力。

　　对于高校领导者以及高校教师来讲，知识管理是全新的课题，在推进此课题的过程中，无论是理论层面还是实践层面都需要研究很多问题，在推进过程中，也遇到了很多难题。但是，知识管理至关重要，所以无论是领导者还是教师，都必须给予足够的重视。

（三）教师情绪管理

1. 教师情绪管理的意义

　　教师情绪管理是教师在工作与生活中要能够努力克服消极情绪，培养积极健康的情绪，并且做到二者相互协调与相互包容。高校教师情绪管理的意义主要体现在以下方面：

　　（1）有效克服消极情绪。教师在工作与生活中不可避免地会遇到各种压力，进而形成一些不良的消极情绪。针对这些消极情绪，高校教师应该学会建立一种情绪疏导机制，切不可把消极情绪带入课堂，更不能影响到学生的学习与教育。高校教师应该通过适当的方法来宣泄自己的负面情绪，尽量做到不影响教学质量与师生关系。

　　（2）培养积极健康的情绪。教师在教学过程中是处于核心地位的主导性人物，他们的一举一动都会直接影响到学生的学习情绪，直至影响到学生的学习效果。因此，高校教师应该是一个成功的情绪构建者，要认真仔细观察学生的情绪变化，用自己积极乐观的情绪来为学生营造一个健康和谐的教学环境，促进学生进行高效的学习。

2. 教师情绪管理能力的培养

　　（1）创设优质的心理环境。高校应该为教师设置科学合理的激励机制，这样教师才能在工作当中做好情绪管理工作，保持心境的平稳。首先，学校应该科学设置考评制度，为教师提供公平公正的发展机会。与此同时，考评应该体现出个性化特点，不应该全部实行统一的考评标准，高校应该为有较强发展需求的教师提供发展机会、表现机会。其次，可以适当提高教师的经济收入，帮助教师减轻生活负担。最后，高校应该尽可能为教师的发展提供帮助，特别应该关注起步较晚的青年教师。

高校可以根据青年教师的实际情况来配备一些富有经验的老教师来给予他们一定的指导与帮助，尤其是指导他们在课堂教学与科研申报方面的工作，帮助他们解决教学与科研中遇到的一些问题。学校还可以为他们提供专门的培训，并开展一些座谈会，深入了解高校教师的内心想法，真正减少他们的工作压力。此外，高校还应该开展各种形式的心理健康教育和辅导活动，多给高校教师传达一些健康有益的心理健康知识，努力为他们营造轻松愉快的工作环境，并尽可能地关心他们的感情与家庭生活，及时给予他们必要的帮助与心理安慰，切实增强他们的自信心与自尊心。

（2）提高教师面对挫折的抗压能力。教师的工作比较繁琐，避免不了会遇到各种各样的烦恼，教师在遇到压力的情况下，应该学会积极地调整情绪，应该尽可能地称赞自己、表扬自己，提高自信心。这样才能微笑面对生活和工作当中的挫折以及压力，也只有这样，教师才能在经历挫折之后实现自身的成长。当挫折来临的时候，教师应该积极应对，应该调整心态，摒弃那些绝对化的悲观化的信念。

（3）教师应该学会掌控情绪、疏解情绪。教师工作当中遇到的一些事情可能会引起教师的情绪变化，尤其是可能出现一些烦躁情绪、愤怒情绪。当负面情绪出现之后，教师应该及时调解，不应该将负面情绪带到教学工作以及科研工作当中。如果教师发现遇到的挫折过大，情绪可能没有办法及时调节，可能会向消极的方向发展。这时，教师应该积极地探寻负面情绪出现的根本原因，然后对症下药。在出现负面情绪时，教师切不可盲目地选择压抑情绪或者逃避情绪。教师除了可以选择自我调节情绪，查找原因之外，也可以选择和他人沟通，通过交流的方式疏解不良情绪。除此之外，教师也可以通过大喊、写日记或者运动等方式来调控情绪。情绪调整过程中，教师应该尽可能地将自己内心深处的想法表达出来，这样情绪能够得到很好的宣泄。除此之外，教师也可以尝试转换立场、转换角度，站在他人的角度去思考，这样有助于教师多方位地理解问题，更有助于情绪的消极，也容易避免极端情绪的出现。

二、高校教育管理队伍专业化建设的问题与策略

近年来，我国高校规模逐渐扩大，大学生在校人数不断增多，高校内部结构也必须发生改变，朝着多元化方向发展。高校作为一个规模庞大的复杂组织，必须在管理人员的素

质上有所提升。"只有提高高校管理队伍的专业化水平，才能提高高校的竞争力，推动高校发展，使其切实肩负起社会职能"①。

（一）高校教育管理队伍专业化建设的问题

第一，缺乏专业化管理能力。我国高校在管理人员建章立制方面的进程缓慢，甚至部分高校存在现代管理体制与管理队伍脱节的现象。目前，很多高校开始提升管理队伍专业化水平，尝试多种办法，但很多高校管理模式依然在过去管理模式的范畴。部分学校领导对管理工作的认识不足，不注重建设管理人员的奖励机制，导致管理人员服务意识较差，专业化管理能力不足。

第二，管理人员专业能力不足。根据职责不同，高校管理通常分为科研管理、行政管理、教学管理等管理类型。高校根据管理人员的职能，对其采取不同的培养方式，在待遇和安排上也有很大区别，部分高校希望招收高层次人才以推动学科发展，经常采取家属一同录用的方式吸引人才。招收的管理人员存在很大的个体差异性，部分管理人员缺少与教育管理专业相关的背景，导致高校管理队伍在知识结构层面上存在短板，难以有效提高管理水平。高校对管理人员职能分工不够明确，行政事务与管理工作相互混淆，将文件处理、传达信息等工作分配给管理人员，以致管理人员无法将全部精力用于提高学科发展和教学质量。

第三，管理队伍不稳定。由于高校领导层对管理工作认识不到位、重视不够，导致管理人员缺少工作动力，没有形成强烈的职业认同感。当前，很多高校管理人员不愿意长期从事本职岗位，以致高校管理队伍普遍存在流动性强的特点，其主要原因有两方面：一方面，学校将过多的资源放在提升教学质量与学科建设上，对管理工作并未真正重视；另一方面，在工资福利待遇方面，教师队伍比管理人员更优越，导致很多管理者不愿意继续从事本职岗位而频繁调动。

（二）高校教育管理队伍专业化建设的策略

第一，提升思想认识。高校领导层要转变思想观念，切实提升高校管理队伍专业化水平。高校要注重培养具备综合素质的人才，不仅要有过硬的专业技能，而且要有优秀的管理才能。"只有高校领导层转变观念，重视管理工作，才能实现高校管理队伍的规范化建设，使每位管理人员认识到自身岗位的重要性，激发他们的工作动力，从而提升管理队伍的专业化水平，促进高校更好发展"②。

---

① 苏静.高校管理队伍专业化建设研究［J］.科技经济导刊，2018，26（10）：119.
② 汪国翔，罗赓.信息时代高等教育管理创新——评《信息时代教育传播研究：理论与实践》［J］.中国科技论文，2019，14（8）：11.

第二，建立管理资格认证制度。高校在真正录用教师以及管理工作人员之前，会对教师和管理工作人员的能力进行一定的考察。考察合格之后，予以聘用。对教师来讲，在真正上岗工作之前会参与岗前培训，只有通过教师资格考试的教师才能真正走上教学岗位。但是，高校没有专门针对管理人员制定资格认证制度，没有办法使用教师的考察标准去衡量管理工作人员。所以，高校应该建立管理资格认证制度，明确管理工作人员的评价标准，这样才能对管理工作人员的工作成效展开有效评价，学校管理水平才能有所提升。在建立管理资格认证制度时，应该考虑到管理工作者的年龄、经验，应该考察管理工作者和岗位之间的匹配度。

三、高校教育管理中教师队伍的精细化管理

大数据是在信息技术革命与人类社会活动相互作用的过程中发展起来的规模巨大、种类繁多、增长速度快且蕴藏巨大价值的复杂数据，不仅能够预测社会各领域的发展态势，还能够实现各行各业组织管理效益的最大化。大数据的发展离不开教育的作用，教育水平的提升更离不开大数据的有效利用，作为集"人才培养、科学研究、社会服务、文化传承创新"于一体的高校将在大数据的浪潮中以参与者、促进者与推动者的身份，共同推进大数据在我国的研究与应用。高校教师作为大数据背景下"智慧教育"实施的实践主体，如何对高校师资队伍进行科学管理，实现教师队伍建设的效益最大化，提升我国高校教育教学水平，是当前教育大数据背景下亟待探究与解决的问题。

(一) 教师队伍精细化管理的重要性

高等教育是非常重要的教育体系构成部分，高等教育需要为社会培养人才，需要展开科学研究，需要为社会发展提供服务，还需要传承中华优秀文化。高等教育想要承担以上职能，在以上方面发挥作用，那么离不开高校教师这一实践主体。如果高校想要在发展过程中最大程度地为社会发展做贡献，那么就必须对高校教师队伍展开有效管理。在高等教育进行深层次改革的情况下，高校有了更大的权力，开始针对本校的发展特点制定具体的改革方法。在高校开展全面改革的过程中，教师管理制度必然是改革重点，高校需要引入企业使用的精细化管理理念，明确教师的具体职责，为教师制定更科学、更详细的考评体制激励制度，这样教师的主动性才能得到有效调动，教师才能真正在岗位上发挥自身的作用。

1. 精细化管理是优化高校教师队伍整体素质的主要途径

精细化管理指的是管理理念，而不是管理手段。首先，精细化管理的重点是精，管理过程需要突出重点；其次，管理制度的制定必须细，管理标准必须量化、细致化，各项指

标的制订必须有可操作性，必须有导向性；再次，管理制度必须发挥约束个人行为的作用，必须能够引导个体自觉遵守制度要求。高校能否承担起自身为社会培养人才的职责，能否培养出全面发展的综合性人才，主要在于是否有一支优秀的教师队伍。对于学校教育工作的开展来讲，教师是永远绕不过的主体，也始终是重中之重，教师队伍建设从根本上影响到学校的教育质量。

在高等教育持续扩招的情况下，高校也招聘了越来越多的教师，所以，必须思考如何对众多的教师展开科学有效的管理，所有的高校管理者都要考虑如何通过管理来保证教师可以在自己的岗位上尽职尽责。结合当下的具体情况来看，可以发现高校针对教师的聘用、职称评定、考评、培训、激励以及进修等方面建立了非常详细化、非常精准的管理机制、管理制度。高校通过精细化的职责要求规范教师队伍，完善教师队伍，切实保证教师队伍可以承担自身职责，为高等教育的更好发展做贡献。

2. 精细化管理是高校教育管理的具体体现

当前，我国高校实行的是校长负责制，高校管理体制存在三个方面的管理，即中华人民共和国教育部管理、行政管理与学术管理。其中，中华人民共和国教育部管理确定了我国高校的办学方向；行政管理实行校长负责制，带领全体教职员工为学校的运行与发展做目标决策；学术管理是坚持教授、专家参与学校教学、科研管理，带动学校学科专业发展。

随着时代的发展及社会各界对人才的重视，管理者也越来越意识到人力资源管理的重要性，管理理念已逐渐从"物本管理"转向"人本管理"，强调管理过程要"目中有人"。高校管理则要遵循"关怀伦理学"的观念，相信教师，尊重教师，同时还要依靠教师，把教师作为高校发展的原动力，创造条件，实现高校教师自由而全面的发展。现代精细化管理理念虽然来源于企业管理，但作为社会组织机构的高校依然可以借用其精髓为自身管理工作服务。

精细化管理理念认为，每一个工作者对组织管理都至关重要，所有的工作者都应该积极参与组织管理。对于高校管理来讲，最重要的是对人的管理，教师是开展教育活动的主体，也是学校教育管理的重点对象，所以，高校必然会重视教师管理制度的制定。高校在制定教师管理制度时，遵循以人为本的基本理念，详细地在制定当中明确了教师的具体职责，并且对不同类型的教师设置了不同的任务，设置了不同的评价标准。上述个性化设计充分地利用了人力资源，避免了资源浪费。除此之外，高校在考核教师时，根据教学、社会服务以及科研三项内容的比例科学地设置了考评权重。高校在设置教师管理制度时，应该结合学校自身的实际情况，这样设置出来的教师管理制度才能适合本校教师，才能保证教师的工作付出和教师的个人收获之间是匹配的。学校在设置教师薪酬以及教师激励政策时，需要注重教师物质层面的获得感，这样教师才能真真切切地感受到幸福。高校制定教师管理制度的过程中，必须时刻遵循以人为本的基本理念，必须将以人为本理念落实到制度制定的各个环节、各个方面。

(二) 大数据在高校教师队伍精细化管理中的应用实践

计算机技术快速发展、大量数据库快速建成的情况下，人的诸多行为以数据的方式被记录了下来。社会科学研究者可以利用这些高频度、高颗粒度的数据展开行为分析。教育大数据指的是应用在教育领域当中的大数据技术，教育大数据可以通过数据管理、数据分析的方式完善和优化当下的教育实践活动，助推高校教育发展水平的提升。

在建设教育大数据技术体系框架的过程中，需要考虑到大数据技术本身的处理流程以及教育数据、教育信息的具体特点。具体来讲，建构涉及四个层次：首先，数据采集层次，该层次需要借助多种途径采集教育相关数据，并且将采集到的数据传输给数据处理层次；其次，教育数据处理层次，该层次需要对接收到的数据进行整合处理，然后将数据存储下来，搭建出教育数据平台；再次，教育数据分析与展现层次，该层次需要以教育数据平台为前提、为基础，对数据进行可视化处理，挖掘数据的价值，最终获得数据分析结果；数据分析结果需要传输到最后一个层次——教育数据应用服务层次，数据到达应用服务层次之后可以辅助教育管理者制定决策。在所有层次的传递过程中，都会实时地开展数据监测，保证数据安全，保证最终结果可靠。在整个数据系统当中，所有的操作都要符合标准、符合规范要求，大数据技术和教育的结合实现了教育领域的科学管理，教育领导者也可以借助大数据技术的帮助更好地预测教育未来的发展态势。

优秀师资队伍的建设需要科学的管理模式，大数据能够获取大量且多元化数据，运用数据挖掘、分析等技术手段对各类型数据进行处理，建立联系，准确挖掘影响教师队伍建设的影响因素，为高校教师管理工作提供科学依据。运用大数据对高校教师队伍进行精细化管理，需要建立教师信息库，包括姓名、性别、学历、年龄、专业、工作经历、荣誉奖惩、职称等，在此基础上，运用大数据技术根据高校教师职能建立教师组织管理制度，跟踪教师成长过程，对教师进行全面考核，确保教师队伍质量。大数据与其他信息技术相比，最大的优势在于其具有超强的"预判能力"，在高校教师精细化管理中，大数据"预测性分析"能够科学有效地消除管理过程中重复性数据，从而能够精准地预判出每一个教师的发展情况并以数据的形式给出优化策略。高校可以利用大数据招聘教师，即在教师招聘过程中，利用大数据来分析教师的信息，如教师的学历、特长、人生观、态度等因素，来预测教师在教育事业上取得成功的可能性，并判断谁是最优秀的教师。虽然数据信息不能作为教师招聘的唯一标准，但可以为面试官提供科学、客观的参考意见。

社会在变化、信息技术在快速地普及应用，在这种情况下，教育行政部门需要与时俱进地改革教师管理方式，教育部门应该借助信息技术的帮助完善教师队伍的管理，提高当下教师队伍的管理水平。在开展教师队伍精细化管理的过程中，一个重要任务就是要构建出教师队伍大数据。教育部门需要为每一位教师建立电子档案，并且将教师的电子档案储存到全国教师基础信息库当中。教育部门可以对教师基础信息进行综合分析、综合运用，最终构建出教师队伍大数据。借助大数据，教育部门可以对整个教师队伍展开更有效的管理，提高教师队伍管理水平和质量，保证教师队伍可以健康稳定有序地发展。在教师队伍良好发展的情况下，我国教育发展也必然会受到有利推动，必然会形成更大的内在发展动力。

大学的社会声誉主要取决于教师质量，如果学校想要打造出自己的特色，那么必须注重师资队伍的建设，必须对教师展开精细化管理。目前，教育管理发展的基本趋势是引入大数据技术，借助技术的帮助实时获取教师数据，实施监控和分析教师数据。

第一，教师数据质量需要得到有效保障。教育大数据和每个教师息息相关，教育大数据的运用目的是提升教师队伍管理水平，所以，教育大数据必须更加精细采集，必须准确，这样，对教师做出的考核和评价才能是精准的。

教师数据在真正运用之前，需要做到以下几点要求：首先，教师数据库当中的数据必须真实；其次，必须先做出数据运用的基本规划，在此基础上构建数据之间的关联，避免数据的孤立存在；再次，数据管理需要灵活；最后，需要注重数据的更新以及数据的实时维护，保证数据的完整和准确。

第二，教师数据安全需要得到有效保障。大数据因为可以处理多元化的且大量的数据被广泛应用到各个领域，但是，大数据的运用引发了人们对隐私问题的思考，人们迫切希望知道大数据技术如何保护人们的数据隐私。大数据技术在教育领域的应用必须做到以下几点要求：首先，教师数据必须得到有效保护；其次，管理人员对数据的使用权限必须设置清晰，所有的管理人员都需要签署保密协议；再次，系统当中用户权限、管理人员权限必须明确划分，所有的人员必须严格按照操作流程使用系统；除此之外，数据传输、数据应用必须加密，数据也必须备份；最后，要专门建立风险防范机制，及时处理各种突发事件的数据情况。

第三章　高校教育中的教学质量管理

第一节　高校教学质量管理概述

一、质量管理的认知

质量管理是协调、引导、控制组织内部活动的有效手段。质量管理工作主要包括明确质量目标、制定质量方案，以及控制、改进、保证质量效果等内容。以质量管理的视角看待教学质量管理，可以得到教学质量管理的基本定义。所谓教学质量管理，是指树立"以人为本"的质量责任感和教育理念，围绕社会的人才需求，借助科学的手段，组织、协调、指导、控制教学过程，促进学生的全面发展，保证高校的人才培养质量。高校教学质量管理既要注重培养学生的整体素质，又要重点监控人才培养的整个过程。具体来说，可以从下述几个方面，深入理解教学质量管理的内涵：

第一，教学活动的指导与监控，必须以教学质量管理体系为依托，确定教学方针，明确教学目标，并为教学目标的实施制定教学规范，在保证教学质量可控的前提下，开展改进教学质量的活动。

第二，在教学质量管理方面，高校需要控制物资供应、课堂教学、设备管理和教学设计等各个环节的工作质量和过程质量，保证高校提供的教学服务，能够满足利益相关方的质量要求。

第三，高校实施教学质量管理，本质上是为了提高教学质量管理的整体效率。因此，高校管理者必须合理制定高校教学策略，确立教学规范，明确教学目标。与此同时，考虑到现代质量管理高度重视管理效率，高校管理者还应该注意教育资源投入与产出的实际比值，争取运用最少的教育资源，实现最高的管理效率。

二、高校教学质量管理的体系

高校的教学管理者通过分析国家教育方针、高校自身的特点以及高校肩负的教学任务，科学运用有效的管理方法，遵循教学规律的指导，合理设计教学活动，从而顺利实现既定教学目标。在整个过程中，"质量管理是高校教学管理的核心。教学管理者通过控制影响教学质量的各个环节与各种因素，可以有效保证教学质量维持在较高水平"①。由此可知，质量是高校教学管理的目标，管理是实现高校教学管理目标的手段。高校教学管理者只有科学运用教学管理手段，合理配置高校教学资源，充分发挥高校教学效益，才能培养出技能水平高、综合素质强、竞争优势好的专业人才。所以，本节内容将从实践与认知的角度分析高校教学管理，并提出强化高校教学质量管理需要重视的关键问题。

（一）树立两种意识

1. 树立"质量管理"的意识

市场经济的蓬勃发展，要求企业管理必须以质量为中心，而高校教学管理则必须以教学质量为中心，这是我国高等教育取得高质量发展成效的核心与关键。培养学生积极主动参与社会活动的能力，是教育的本质特性。为社会培养专业人才，是高等教育的立身之本。人才的质量水平是高校的生命线，高校培养人才的质量水平决定了高校的发展层次。一方面，高校管理者应该树立质量管理意识，努力提升高校教育教学质量，借助教学改革优化人才培养质量，为创设和谐的质量管理环境奠定坚实的基础；另一方面，强化质量控制既耗时又费力，然而，投入的时间与付出的努力却并不必然意味着教学质量的提高。

从高校的组织体系来看，高校设备采购、师资引进、教学管理等部门之间的协调与配合，是影响高校教学质量管理的重要因素。高校教学质量管理计划的全面推行，与师生拥有正确的人才培养观念和质量管理意识密不可分。只有获得学校高层领导的重视，在学校高层领导亲自参与的前提下，质量管理意识才能真正渗入校内工作的各个环节，并在全校范围内达成共识，从而切实推动高校整体教学质量水平的稳步提高。

2. 树立"管理出效益"的意识

"管理出效益"并非只是企业界的宣传标语，这句话对于为社会培养人才的高校同样适用。由于教学质量管理系统相对封闭，该系统内部的人员要素、资金要素和设备要素之间，必须保持有机的互动关联，才能发挥系统的最大效益。管理的目的是为了使教学质量管理系统中，各个要素之间的结构趋于合理，充分发挥不同要素的核心功能，以确保整个教学质量管理系统能够正常运转并充分发挥最大效益。管理水平是决定要素之间发挥最佳组合效益的关键。对于师资力量雄厚的高校来说，如果内部管理状态相对混乱，既没有明确的管理目标，又没有具体的管理措施，既不具备教学条件，也没有购置相应的教学设

---

① 董漫雪. 关于强化高校教学质量管理的几点思考 [J]. 丽水师范专科学校学报，2001（1）：37.

备，这无疑将导致优秀教师的流失与教学资源的闲置，此教学质量管理系统将无法发挥最大效益。

高校的教学管理人员肩负着指导与协调各项教学工作的重要任务，是推动高校取得教学与科研硕果的核心力量。高校教学管理人才队伍的建设，需要与高校教师队伍建设取得同等重要的地位。高校教师享受的职业培训与职称评选待遇，也应该落实到高校教学管理干部身上。总体来说，建设综合素质过硬的教学管理人才队伍，是高校树立"管理出效益"意识的鲜明体现。

（二）完善教学质量监控机制

落实常规教学管理制度，是完善教学质量监控机制的前提与基础。为了保证教学质量的稳步提高，必须积极落实教学管理制度。由于教学管理制度的内涵非常丰富，不同的高校在完善教学质量监控机制方面的表现也不尽相同。

第一，高校需要完善教学岗位责任制度。与企业类似，高校提升管理效益的前提是必须落实好岗位责任制度。高校教学管理部门，如教务处、设备管理小公室、互联网信息中心等，以及高校教学管理人员，作为高校教学管理主体的工作职责、工作任务、工作权限、工作范围等，都必须符合高校的制度规范。高校教师的职称不同，享有的权利与需要履行的义务也存在差异。助教、讲师、副教授与教授的岗位责任范围并不相同。在教学实践活动中，不同职务的教师必须按照《中华人民共和国教师法》《高等学校教师工作量试行办法》以及《高等学校教师职务试行条例》的有关规定，明确教学岗位的考核要求和行为规范。

第二，高校需要完善教学过程把控制度。教学质量整体层次的提升，必须从源头上强化教学质量控制，逐渐摒弃考试这一相对传统的质量检测手段，使用预防性质的管理策略，取代事后把关性质的教学管理方式，使得控制教学质量的整个过程，成为教学管理工作的核心与重点。在教师教学与学生学习的过程中，明确每个环节的质量控制标准与要求，确保管理措施能够成为相对独立的教学常规，从而形成比较完整的教学质量监控机制。具体来说，教师教学环节，如开设新课需要办理的条件审批手续，制订教学计划和备课方案，上课辅导、答疑解惑、布置作业、批改作业、安排考试、指导学生的教学实践等，以及学生学习环节，如课前预习、课堂听讲、参加讨论、完成作业、准备考试、动手实验、实习锻炼等，强化这些环节的管理与控制，确保每个环节质量可靠，可以有效提高教学质量管理水平。

第三，高校需要完善教学质量评价制度。高校办学规模的不断扩大，促使教学管理部门的工作内容也变得越来越复杂。为此，应从构建教育评估机构、教育评价体系、教学评价制度三个方面着手，规范高校的教学管理秩序。具体来说，高校可以设立由校领导、系领导和教学代表组成的教学督导团队。高校教学督导团队主要负责制定高校内部教学质量评估指标，定期检查教学岗位责任制的执行情况，评估课堂教学质量，加强教学管理控制，转变仅凭主观感觉评价教师教学过程的行为。课堂教学是教学质量检查与评估的重点，教学督导只有深入课堂完成听课与评课任务，总结教学经验，及时发现问题，才能帮助教师改进教学方法。与此同时，课堂教学评估表的科学设计，以及在课程评价过程中采用的定性分析与定量分析相结合的方法，都有助于教学评价制度的完善。此外，明确规定教学督导团队成员的听课数量、教师与教师之间相互听课的数量，是考核听课制度执行情况的重要内容。设计项目指标与评价等级，要求全体学生借助不记名打分的形式，评价每位任课教师，也是教学评估的重要手段。

无论是教师的教学与科研管理，还是学生的学籍与教材管理，这些内容既是教学管理制度应该包含的内容，也是高校教学管理体系的重要组成部分。只有实施科学化、制度化的高校教学质量管理措施，才能切实规范教学管理的每个环节，从而确保教学质量的稳定发展与持续提升。

（三）明确教学管理组织的管理职责

高校教学管理目标的实现，既离不开学校领导和职能部门的努力作为，也与教育管理者实施有效的教学管理活动密不可分。当前，我国高等院校的教学管理行政部门，普遍存在有职无权、职责相悖或者职责不清的现象。部分事务本来应该交由职能部门处理，然而，面对这些职责范围以内的常规事务，职能部门却无权处理，甚至有权也不敢处理。在这种情况下，高校教学质量管理呈现出既混乱无序又徒劳无效的状态，只能维持原有的教学秩序，根本做不到正常管理教学活动，从而严重影响了高校教学质量水平的提升。

教学职能部门的实际工作状态，是检验高校教学工作与教学质量管理工作的重要指标。作为高校教学管理的主要职能部门，教务处无疑在高校教学质量管理机构中占据着核心地位。因此，为了确保高校教学质量管理体系的不断完善，教务处只能在职责范围内完成授权任务，从而充分发挥自身在教学管理方面的协调作用和沟通优势。教务处作为职能部门行使的权力，既包括处分权，也包括决定权，这些权力的行使范围不能超过行政机构的职能范围。与此同时，行政机构责任的承担也不能超过规定的职能范围，只有这样，职责与权力才能实现相互匹配。职责赋予了行政机构职能管理与利益支配的自主权，拥有自主权的行政机构可以将过程管理与目标管理统一起来，维持系统要素的相互促进与互相制约状态，使整个高校教学质量管理系统处于积极、活泼的运转过程中。总体来说，高校的教学质量管理必须充分认识到教学职能管理部门发挥的核心作用与所处的关键地位，明确职能部门的权力与责任，促进二者的高度统一，并在此基础上，发挥高校教学管理职能部门的创造性和积极性，从而保证教学计划的顺利实施。教学人员在教学质量得到监督与控制的前提下，可以重点推行教学研究方面的改革创新，从而提高教学管理的质量水平。

因此，高校教学管理者只有真正重视高校的教学质量问题，提高思想认识的高度，不断总结工作经验，完善高校教学质量管理制度，理清工作思路，创新工作方法，才能帮助高校在竞争白热化的信息时代谋求生存与发展的空间。这项任务既艰巨又复杂，取得的管理效益却十分可观，这种矛盾性从侧面说明高校重视教学质量管理实则蕴含着巨大的潜在价值。

第二节　高校教育中教学质量评估体系

一、高校教育中教学质量评估的意义

对教学质量开展科学的评估，对于我国高等教育的发展有着积极的现实指导价值和深远意义。

第一，教学质量评估是国家教育行政部门转变职能，实施法治教育的需要。教学质量评估是加强高校管理的有效方法之一。随着我国教育的不断发展，教育体系也不断完善，教育领导部门的职责也由原来的领导各大高校逐渐转变为对高校进行宏观调控和监督。通过对教学的评估和调控，能够让各高等院校更加明确自身的办学理念和未来的发展道路，让各项工作井然有序。同时，高校也要从评估中不断积累经验，改变原有教学的思维定势和不足之处，在确保自主权得到充分发挥的情况下，开办符合法律和社会要求的教学。

第二，高校教学质量评估是提高高校整体办学水平，保证、控制高校教学质量的需要。中华人民共和国教育部也在不断鼓励各高等院校能够通过教学质量评估，找出自身存在的问题和不足，通过教学改革促进教学发展，找到一条能够协调发展的有效途径，开办规模、结构和教学质量都符合社会发展的满意教育。此外，开展正确的教学质量评估，能进一步端正高等院校的教学态度，牢固确立教学工作的重要地位，以发展促改革，稳步提升教学质量，在完善教学质量和监控体系的情况下，实现教学制度化、规范化。

第三，高校教学质量评估是深化改革，促进教师成长，加强高校与社会联系的需要。要确保教学质量得到提升，必须进行教育体制改革。开展质量评估有利于高等院校通过评估发现的问题进一步审视自身存在的不足，并进行相应修正和调整，不断深入教学体系改革，促进教学工作的发展，能够在一定程度上发展高等院校教育，这是不断深化教育改革

的动力所在。此外，通过开展教学质量评估，高校也能够更深层次地认识自身的存在价值和意义，不断提高工作开展的积极性。因此，教学质量评估是一种宏观调控的有效手段。在教师发展方面，教学质量评估也可以激励教师不断提升自我，成长成才，为高校培养出一大批经验丰富、素质过硬的优秀教师。高等教育发展必须适应社会经济、政治、文化、科学技术发展的需要，才能为教育的发展提供源源不断的动力和源泉。教学质量评估也需要相关部门搜集信息并及时反馈，通过反馈进一步调整自身的教学管理体系，为社会发展培养优秀人才。因此，教学质量评估也能起到保持社会和高校密切联系的作用。随着中国的国际地位不断提升，与世界各国的联系也不断深入。我国高等教学不断发展，也会促进中国教育和其他国家的教育不断发展进步，促进世界教育整体向前发展进步。

二、高校教育中教学质量评估的功能

第一，导向功能。导向功能是指教学质量评估具有引导高校教师朝着理想的教学目标不断前进的功能。通过教学质量评估所设定的一系列评估标准对教师的教学和学生的学习进行价值评判。根据评估结果，教师和学生能够发现教学过程所存在的问题，进一步作出调整和完善，明确教学发展的方向。教学质量评估的标准、内容和结果都会对教师、学生和学校起到导向作用。高校也能够参与评估结果和意见，结合自身的实际情况和特点，进一步制订科学合理的评估体系和教学管理体系，有效促进教学质量的提升和高校的发展。

第二，调控功能。教学质量评估的调控功能是指通过评估能够进一步对教师的教学活动起到调节和控制的功能。通过评估的结果，教师可以反思自己的教学过程，进一步对后续的教学工作作出调整和完善，不断优化教学行为。开展常态化的教学质量评估，教学质量会得到稳步的提升。

第三，鉴定功能。鉴定功能是指开展教学质量评估能够科学判断教师教学合格与否、优劣程度、水平高低等实际价值的功效和能力。学校教职工都需要参考教学质量评估的结果开展聘任、晋升、升职降级等一系列工作。在结合教学质量评估结果后，高校可以及时调整和补充教学师资队伍，为人才培养提供坚实保障。

第四，监督功能。监督功能主要是指教学质量能够对教师的教学起到一定的监督作用，督促教师不断作为、提高教学质量。教学质量评估是教育质量监控的重要手段，是提高教学质量的保障。正确有效的教学质量评估，能够让高校认清自身与其他高校之间的差距，发现教学当中存在的问题并找出合理的解决途径，这正是开展教育评估的目的所在。

三、高校教育中教学质量评估的原则

质量评估的过程涉及诸多方面内容，是一个复杂、烦琐的系统过程，需要遵守以下

原则:

第一,发展性原则。开展教学质量评估的目的并不是为了证明教学的价值,而是要能够评估促进发展。教学质量评估不仅要对被评估者的过去进行考察,也要充分考虑到其现在的发展,发现现存的问题,为后续的教学工作提供参考和努力方向。

第二,规范化原则。在开展教学质量评估时,要始终坚持以科学的现代教育理论为指导,设置的评估目标、衡量标准、开展程度和评估办法都要充分考虑到高等院校自身的教学规律和实际情况。此外,在进行评估工作时,需要对被评估的对象使用科学正确的方法和步骤对其进行合理的评估,秉承实事求是的理念,确保评估结果真实可靠。

第三,民主化原则。民主化原则是指在开展教学质量评估工作时的各个环节和步骤都要做到公开、公正、透明,考虑到评估参与者的意见和建议,体现出高等院校的自主性和主体地位。只有这样才能真正实现教学质量评估的目的,促进教学工作的改善。

第四,多元化原则。教学质量评估是一个纷繁复杂的过程,需要做到科学民主。因此,在开展教学质量评估时必须要做到多元化。多元的评估主体、内容和评估方法,能够确保评估结果公平、公正、公开。

四、高校教育中教学质量评估的类型

现有的教学质量评估类型繁多,具有代表性的有:斯塔弗尔比姆模式、费用—效果模式、目标游离模式和反对者模式。斯塔弗尔比姆决策模式由美国著名教育评论专家斯塔弗尔比姆提出,该模式认为教学质量评估的评估过程和判断效果等内容都需要按照决定的结果来进行。费用—效果模式以莱文为代表,该模式认为在开展教学质量评估时,需要认真考虑评估的效果如何,也要充分考虑到开展评估需要的费用,力求用最少的费用取得最优的评估效果。目标游离模式的主要代表人物是美国教学专家斯克里文,该模式认为在评估过程中会出现许多突发情况,因此不需要设定具体的评估目标,而是要根据具体的情况及时调整评估目标。反对者模式的典型代表人物是美国学者沃尔夫,该模式认为评估价值是由评估的结果体现出来的,被评估的对象可能根据自身的特点呈现出不同的教学效果。我国现有的教学评估体系充分结合了先进的评估理论,形成了符合我国教育特点的教学评估结构,现有评估有以下类别:

(一)高校自评

高校自评主要是指高等院校自行组织的教学评估,也叫自我评估,如高等院校按照教育部下发的文件要求对自身教学工作开展的教学质量评估。

1. 高校自评的意义

高校自评对提升教学质量有着深远的意义。首先，自评主要针对高校内部，符合高校的实际情况，有很强的针对性，方式新颖灵活，搜集信息全面准确，结果真实可靠，评估对象也能够按照自身情况，及时将评估所需标准提供给评估者，前提是被评估者需要实事求是，诚实守信。高校自评能够激励被评对象不断自省反思，主动发现问题和解决问题，能有效促进高校发展。其次，在教学质量评估工作开展的过程中，被评对象如果认为自身实际情况离评估标准较远，可以及时申请暂缓或退出此次评估，能够避免不必要的人力物力浪费，有效提高评估工作的效率。最后，高校自评的结果可以为高校日后的工作开展提供重要的参考依据，为其他组织开展教学评估提供基础和经验。

随着我国高等教育体制改革的不断深入，开展高等学校内部的自我评估具有重要的现实意义。它既是新形势下在不断深入我国高等教育体制改革的背景下，开展科学的高校自评对于提高教学质量和教育发展有着深远影响。在这种新形势下，高校自评是高等学校的自我管理、自我约束、自我监督、自我发展的有效机制，又可以让高等院校不断完善自身教学体系，自觉接受社会监督，是为国家培养优秀人才的有效途径。高等院校要不断密切与社会用人单位之间的联系，时刻掌握社会人才需求动态，及时收集毕业生就业信息，并将其作为高校自评的重要参考标准，不断提升教学评估的成效。

2. 高校自评的方法

就高校教学质量的提高而言，高校自身是内因，外部质量评估是外因。目前学界普遍认为，教学质量受到诸多因素的影响，如果只凭借从表面上的监督和把控，教学质量难以得到实质上的提升。因此，需要全校师生和职工共同努力，不断完善自身的评估体系，将其作为提升教学质量和完善教学体系的重要手段。

（1）高校要强化主体意识，加强内部质量控制。随着社会不断发展，政府对各方面都实施集中管理，高校教育质量的地位和作用都没能得到充分的发挥。在高等教育越来越普及的环境下，随着高等教育体制的不断改革，高等院校的地位也应该受到重视，在教学质量评估过程中所起的作用也越来越突出。当前，政府鼓励各大高等院校结合自身情况开办符合社会发展的教育。高校也应该牢固树立全面发展的理念，在扩大办学规模的同时，确保教学质量处于教育改革发展的首要位置。在完善自身的教育机制时，高等院校要充分参考西方国家的可靠经验，不断建立健全自身的教育质量体系；在根据自身情况制订教学规划时，也要制订相应的教学质量方针、政策和标准，不断完善教学质量的监督、决策、指挥、管理、反馈和教学评价系统，加强对教学过程的评估与监控，形成内部质量保证体系。

要不断完善高等院校的质量评估体系，就是要让高校成为自我调节、自我完善的组织，把教育质量变成教育者的自觉行动，即说政府、社会、市场等外部力量只有转化为高校自身对教育质量的追求，才能够发挥出它们对高校教学质量改进和提高的实际作用。

高等院校要不断通过高校自我评估及时发现和解决教学过程中存在的问题，做出及时修正和调整，调动教职工完善教学的积极性，提高教学质量的目的才能够真正得以实现。因此，我国在不断完善外部评估体系的同时，更应该致力于院校内部评估体系的建设，切实做到内外部评估体系相互配合、相互补充，并坚持"内为基础、以外促内"的基本原则。

（2）做好校内自评工作。在高等教育逐渐普及的环境下，高校开展有效的自评工作是教学质量动态管理的前进，能够保障教学质量的全面管理。高校自评可以实时监控教学质量，逐渐形成办学理念、教学质量和其相关的下属组织的"学习型系统"，动力十足，生机勃勃。高校内部的评估主要有两种：一种是为迎接外部评估而进行的内部评估活动；另一种是高校为改进和提高教育教学质量而自主开展的评估活动。对于高校教育质量的改进和提高，最为关键的是后一种，有专家称这种评估为校本评估。

（二）专家评估

专家评估是指教育相关部门选派的专家组成指导组对某校的教学质量进行的评估，也称为政府评估，它是政府教育行政部门依据国家规定的高校人才培养目标，对高校开展的教学工作进行全方位考察的评估模式。开展教学质量评估主要是为了让高等院校在政府的有力监督和管理下能够更好地发展自身办学水平，不断提升教学质量和人才培养质量。因此，专家评估是一种由政府直接领导和实施的评估模式。专家评估的相关内容、步骤和方法等都需要教育部门按照国家相关要求和规定进行制订，非常注重对高等院校的宏观评估，过程全面、严格。教育部门可以进一步以专家评估的结果作为依据对高等院校的教学工作进行有针对性的指导和调控。教育部门对高等院校实施评估，是国家监督高等院校教学的有力手段之一。教学部门应该不断建立健全评估制度和体系，确立各单位的基本职责和评估方法、步骤，让高等院校的评估有组织、有计划地进行。

选优评估是指在各大高等院校中开展的选拔评比活动。选优评估的主要内容是：在教学质量评估的基础上，选出相对优秀的高校进行进一步竞争，根据评估的结果确定获奖名单并及时公布结果，给予表扬奖励，有国家级和省级两种。在高等院校内部也可以开展相关评估，即学校自行组织的评估模式。此类评估能够有效提高学校管理的效率，为各级部门对高校开展外部评估打下坚实的基础，不断提高教学质量，以适应社会发展的需要和人才需求。

在不断深化教育体制改革的情况下，许多高校为了有更好的发展选择与其他高校合并，也有诸多单一型院校不断向综合化的趋势发展，在原有的合格评估、优秀评估、随机性评估、本科教学工作水平评估方案的情况下，继承评估方案的特点，将评估等级分为优秀、良好、合格、不合格，不按照科类区分评估方案并开展评估工作。

信息化教学质量评估是一种专业性很强的技术活动，其关键是参与评估过程的专家。评估专家队伍的建设可以从以下方面探讨：

第一，重视遴选。评估的专家库应该尽可能面向国内外选择，包括高水平的学科人才以及评估专家等。其成员可以是教育系统内部的从业人员，也可以是其他领域的专家、商人以及其他行业的优秀代表，具有相对丰富的评估理论和知识。此外，还要确保专家库的流动性，适时地进行专家的更换，以确保不同类型的评估都能在专家库中找到对应的评估专家。

第二，重视培训。专家的培训工作极具专业性。要定时、定期对专家库成员进行培训，及时了解和掌握新的教育方针、理论、政策和技术。

第三，重视交流。专家库应该重视专家之间的交流工作，组织形式多样、内容丰富的交流活动，学习国内外的先进经验和技术，不断提升专家的综合素质和水平。可以根据被评估对象的等级，聘请一定数量的外籍评估专家，以国际视野对高等院校展开科学评估，确保教学评估工作科学合理，与国际接轨。

（三）社会评估

社会评估主要指通过社会成立的中介组织并实施的高等院校教育质量的评估模式。与上述几种模式不同的是，社会评估主要是从社会角度对高等院校的教学工作进行评估，更多地考虑社会发展的需要，全方位、多角度地考察高等院校的教育工作，及时将评估结果反馈给高校，为高校进一步调整和完善教学体系提供真实可靠的信息，不断促进高校教育的发展进步。社会评估能够客观、直接地反映高等院校的办学水平和教学质量。社会评估主要是从外部对高等院校进行评估，其评估者主要由社会相关领域人员组成，包括大量的各界人才和专家，由他们共同作出评判。社会评估的结果能够很好地指导高等院校进行后续的教学工作。通过有目的、有组织、有计划地对高等院校开展社会评估，可能在一定程度上激励高校不断完善自身的教学提升，提高教学质量。

高等院校与社会各领域之间尚未密切联系，社会对高等院校各方面的了解也不够深入彻底，因此开展的社会评估工作缺乏一定的准确性，评估结果也难以保证其可信度。但社会评估的积极作用也可见一斑，它能够密切社会和高等院校之间的合作和联系，激励社会各界积极参与高等院校的教育发展，共同促进高等院校教育进步。

第三节　高校教育中教学质量的监控管理

中华人民共和国教育部关于《普通高等学校本科教育教学审核评估实施方案（2021—2025年）》的通知中指出：要建立"问题清单"，严把高校正确办学方向，落实本科人才培养底线要求，提出改进发展意见，强化评估结果使用和督导复查，推动高校落实主体责任、建立持续改进机制，不断提升高校教学质量。高校教学质量监控体系的优化是一项全过程、多层面的伟大工程。只有紧跟时代发展，树立起牢固的质量意识和责任意识，全员参与、全程监督、全面发展，狠抓落实、循序渐进，才能推动教学质量监控体系的改革创新发展。

一、教学质量监控管理体系

通过在实践过程中不断探索、积累经验，各大高校都已建立起符合高校教育发展特点和需要的教学质量监控体系。高校教学信息及时反馈，教育体系相对完善，保证了高等院校能够培养出更优质的综合性人才。

（一）教学质量监控组织

根据我国目前的教育发展实际情况，可以将高校的教学质量监控体系分为三个层次：校级教学质量监控机构、学院（系）教学质量监控机构、教研室。校级教学质量的监控机构主要由校长、指导委员会和教务处三者构成，是整个教学质量监控体系中的"核心"。它对学校开展的教育工作作出整体把控和监督，制定相应的教学质量监控方案和措施，对各教学单位的教学质量展开科学合理的评估，也能够为师生在教学过程中遇到的问题提供咨询和帮助。在这个组成结构中，教务处是教学质量监控活动的主要行为机构，对教学工作监控起到了重要作用。

学院（系）教学质量监控机构由专业指导委员会、系主任以及教学主任等人员组成，是整个教学监控过程中的主体。其在监控过程中主要是对各专业的教学计划和安排进行检查，教学环节是否合理、教学计划是否完善、教材是否符合课程内容，还包括对教学计划和教学大纲的审核。教研室在监控环节中主要开展基础性工作，如检查各教学环节的过程和教学效果，搜集相关信息并给予及时反馈总结，开展各式各样的活动等。

我国高等院校的教学质量监控体系有四个特点：第一，高等院校教学质量监控体系分为三个层次，因此传递教学信息所需时间较长。教学信息需要经历多个步骤传递给学生，在这些过程中，无法保证信息的准确性和时效性，也会影响教学质量监控的效果。第二，在各大高等院校中，并未设立专业进行教学质量监控的相关组织或组织，只是依附于教务处下设的一个科室。教学质量并未引起高校的足够重视，各教学单位也没有牢固树立主动监督和评估教学质量的意识，只是被动地按照教务处下发的文件和通知开展相关监控工作。第三，多数高等院校在开展教学质量监控工作时并未将师生这两个重要角色涵盖在内。教学活动是教师和学生共同组成的，因此教学质量的监控也离不开教师和学生的参与。但实践情况是，教师和学生对于教学质量的重要作用并未充分发挥，监控效果也不明显。第四，高等院校的教学质量监控大都实行"主管教学校长—教务处—学院（系）主管教学主任—教研室"的管理模式，形成了一个意向、封闭的监控模式，只能对相关信息完成一次性传递。

（二）教学质量监控制度

高等院校教学质量监控制度建设主要由常规性教学制度建设、教学督导制度建设以及教学信息反馈制度建设三部分组成。

第一，常规教学制度建设。常规的教学制度包括与教学要求和教学方式等方面相关的制度，主要起到规范高等院校教学形式的作用。目前我国高等院校的常规教学制度主要集中在教师的管理和教学两个方面，并未涉及过多的评价体系和各类工作人员的职责问题。一部分高等院校虽然制定了相关完善的常规性教学制度，但并未充分发挥各部门之间的协调作用。高等院校的各职能部门主要职责是管理，各教学单位的主要职责是教学。因此，各职能部门所提出的相关意见和建议必须结合各教学单位的实际情况，而各教学单位在教学过程中遇到的困难和问题也应该参考各职能部门的意见解决。

第二，教学督导制度建设。由于教学督导工作在我国各高等院校实施开展的时间并不长，在社会快速发展的背景下，更应该不断加强教学督导的力度，这是完善高校教学质量监控体系的重要途径。要保证教学督导取得成效，就必须制订科学合理的教学督导制度。为了促进高等院校的教学质量不断提升，各高等院校都根据各自实际情况构建出了相对完善、具有特色的教学监督制度体系和规则。这些规则主要是以校规的形式呈现，包括教学督导的理论指导、工作目标、工作原则、督导方式以及教学督导员的选聘、职责和考核制度等各方面内容。通过建立健全督导体系，不断规范教学工作的开展，保证教学工作的质量和成效。部分高等院校的教学督导人员主要由学校的离退休教师担任。这些老教师教学经验丰富、对工作尽职尽责，但其采用的督导形式主要以听课为主，在各方面迅速发展的形势下显得较为单一。作为听课对象的年轻教师也会压力倍增，失去自信和动力。因此，在教学督导团队成员的组建上，可以吸纳更多的角色如行政人员、后勤工作人员、学生等参与进来。

第三，教学信息反馈制度建设。教学信息反馈制度对于提升高等院校的教学质量也起到举足轻重的作用。各大高等院校也对教学今年反馈制度引起了足够重视并不断加强和完善其制度建设。通过开展座谈会、反馈信箱和面对面交流等形式，高校对被评教师的教学工作开展、教学质量、教学过程等方面都有了相对全面的了解，并督促被评教师不断改进和提升，有效提高了教学质量和成效。此外，各高校也充分利用现代信息化技术手段对信息进行全方位、多角度的搜集，并给予及时反馈，如时下流行的网上问卷测评等形式。但无论是采取传统常规的方式还是网络形式搜集信息，都必须要保证信息的真实性、可靠性，并对这些信息进行分析整理，及时反馈，将教学过程中存在的问题切实解决，不断提高教学质量。

二、教学质量监控活动形式

目前各高等院校开展的教学质量监控活动形式多样、内容丰富，如教学检查、教学评议、课堂听课等活动形式。

（一）教学检查

高等院校的教学检查可以分为阶段性检查、随机性检查和针对性检查。其中，阶段性检查是指在教学学期过程中的检查，如期初、期中和期末检查。在实际教学过程中，期初检查主要是针对各种教学活动的前期准备环节；期中检查的主要内容是各个部门和教学单位对教学计划和教学任务的完成情况，以及师生的活动表现、各种设施的配备情况和教学成效等；期末检查主要针对单位对于学期教学任务的完成情况以及期末考试的组织情况。随机性检查是指事先不通知、随时到各个教学过程进行检查的形式。它具有一定的随机性，但目的性极强，并非没有目的、随心所欲。随机性检查会按照学期不同时间的特点，结合高校自身情况开展各项检查工作。针对性检查是指针对某一项任务或者调研开展的检查工作，主要内容包括教学情况、教学实践活动、教学纪律、教师备课及反思、学生作业、试卷等内容的检查。为了确保各项检查工作落到实处，各高等院校也结合学校特点制定了检查制度，即应该如何开展检查工作，以此进一步提升教学质量。

（二）教学评议

高等院校教学评议活动包括教师的授课、学生的学习、学校的管理三个方面的评议。评议活动是监控教学质量的有效手段，促进教学质量监控体系的完善和发展，对其有着积极的作用。教学评议活动包括教师互评、教师自评，以及学生互评等多种形式。这些活动主要由学校的教学质量监控相关职责部门负责开展，也可以各教学单位自行组织；可以在一个学期的期中开展，也可以在期末开展教学评议。为了更好地完成教学评议活动，一些高等院校还设置了教学信息员、学生信息员。高等院校评议活动的结果分为优秀、良好、中等、合格、不合格，对评议结果优秀的教师及时表彰，不合格的教师也会受到相应的教育或惩罚。

（三）课堂听课

课堂听课活动在我国高等院校中较为普遍，是监控教学质量的重要手段之一，活动主体主要包括学校相关领导和对应的教师。开展听课活动，能够有效提升高等院校的教学质量。一方面，各校的听课活动丰富，在课堂或者训练场进行听课活动，通过对所听课程的评价进而了解实际教学的质量，能够有效加强教学管理，而且有助于检查理论和实践教学的效果；另一方面，课堂听课活动有利于帮助新任教师提高教学质量，为新任教师提供学习借鉴和观摩的机会。开展教师相互听课活动，能够让教师在听课过程中不断吸取听课对象的有效教学方法和经验。许多高等院校明确规定了教学质量督导的听课任务，包括次数、方式及评价标准等方面。针对不同的课程，设置不同的听课方式，因地制宜。

三、教学质量监控体系的问题

（一）教学质量监控标准的问题

我国高等院校的教学质量监控体系还存在着一系列问题，主要有以下方面：

第一，高等院校教学质量监控的目标缺乏系统性。在分析部分高校教学质量监控的目标后发现，许多高校设置的监控目标缺乏一定的系统性，主要表现在四个方面：一是总目标与分目标之间没有相关性，关系尚未得到厘清，人力、财力及物力等物质资源没有得到合理的规划，无法统筹各个部门和教学单位开展教学质量监控工作。二是目标不具体。总体上看，各校的教学质量监控目标都存在形式化现象，监控工作浮于表面、流于形式，只是走过场，并未真正落到实处，获取到的信息无法保证其准确性，执行力不足。三是目标分散。部分高校采取的依旧是传统的教学质量监控体系，注重知识的输入和输出，忽视了教学过程的监控。四是目标缺乏系统性。由于没有系统的目标，高校的教学质量监控体系过分注重教学的监控，忽视了实践环节部分。

第二，高等院校教学质量监控的标准被异化。我国部分高等院校实际绩效管理，强调课程的评价体系，通过对教师进行评价，充分发挥评价的鉴定功能，并对评价对象进行量化和排名，这种做法并不符合教学质量监控体系的指导原则，将教学质量监控看作是高校实施管理的工具，无法实现教学质量监控的诊断功能、激励功能、改进功能和导向功能，在一定程度上异化了高等院校教学质量的监控标准。如此一来，教师的发展也受到了阻碍，无法充分发挥教师的明辨能力，不利于教学质量的提高。

第三，高等院校教学质量监控的岗位职责标准模糊。为切实做好高等院校的教学质量监控工作，有关部门和人员必须严格按照责任义务严格落实相关工作，更好地开展相关监控活动，不断提高教师的积极性，提升教学质量。但实际情况是，高等院校制定的教学质量监控体系中的各人员岗位职责并未充分明确，没有遵循"全面、全员、全过程"的基本原则。工作人员没有正确认识到自身的职责，只将教学监控活动局限于师生之间，无法促进教学质量监控的发展。教学质量监控工作本应贯穿于整个教学过程，但由于监控目标不明确，导致信息的搜集和反馈不及时，评教制度、评价制度等都不够完善，没有真正把教学质量监控活动落到实处，带有极强的主观性，难以将监控工作贯彻执行。

（二）教学质量监控运行的问题

高等院校教学质量监控在运行过程中主要存在以下三个问题：

第一，学生参与程度较低。在我国高等院校的教学质量监控过程中，教师受到了足够的重视，但学生群体却一直没有充分参与到监控过程之中。许多高等院校都认为，只要有了综合素质过硬的师资队伍，就能够有效提高教学质量。但教学质量的高低，其根本是用学生的全面发展作为衡量标准的。因此，教学质量的监控也应该充分考虑到学生在教学过程中的信息反馈作用。然而许多高等院校并未意识到这一点，无法实现高校的自查整改，走入了教学质量监控的误区。有部分院校虽然在教学质量监控的过程中融入了教师和学生，但在信息的反馈方面只集中在教师的教学设计和教学的完成程度方面，忽视了学生在教学监控过程中的自主性和积极性。事实上，高等院校教学质量的监控体系并未充分考虑到教师和学生在教学过程中所扮演的重要角色，没有充分调动师生的积极性。在进行相关制度的制订和活动开展时，没有详细规划，没有持续提升教学质量，无法提高教学质量监控的实效，进而无法提升高校教学质量。

第二，信息运行机制不完善。在开展教学质量监控相关活动的过程中，由于受到信息差的影响，搜集到的信息无法保证真实性，没有给予及时的反馈。此外，教学质量监控搜集到的信息覆盖面小，没有对相关信息反馈引起足够重视。由于不完善的信息运行机制，也造成了元监控（对教学质量的监控）不足。高等院校无法根据这些部分信息做出合理的判断和及时的调整，是否符合自身的发展情况，是否是合理的监控流程，是否能够取得满意的监控效果等一系列问题都会严重阻碍教学质量监控体系的正常运作。

第三，监控的反馈落实不够。教学质量监控是为保证教学质量而开展的，能够更直观、全面地查找教学过程中存在的问题和困难。但部分高等院校的教学质量监控中的诸多反馈信息却流于形式。首先，学生在进行评教时，多数采取分数或者等级的形式，学生提出的一系列整改意见和建议并未真正出现在监控职能部门层级；其次，在进行搜集教学质量监控相关信息时，没有对信息进行分门别类，便将其直接传递给师生。因此，师生在接收到相关信息后，也无法科学地筛选出有用信息，甚至还会产生消极影响，例如教师可能会认为评教分数低的学生不认可自己。与此同时，笼统的反馈信息使教师难以找出教学的薄弱环节，也就无法采取针对性较强的改进策略。

四、教学质量监控体系的改革创新

高等院校教学质量监控体系的优化过程是一项全方位、多层次的系统性工程。要推进高等院校教学质量监控体系的不断发展，只有与时俱进，牢固树立起发展进步的创新意识，形成"全员参与、全程覆盖、全方位育人"的教育模式，由浅入深，循序渐进。

（一）掌握教学质量监控的核心理念

掌握好教学质量监控的核心理念，要做到以下方面：

第一，树立牢固的质量意识。构建高等院校教学质量监控体系的终极目标是要不断提升人才培养的质量，体系中的各个环节和方面都要根据这个目标展开。在运行高等院校教学质量监控体系时，要对体系中出现的问题和现象不断反思，积累经验并汲取教训，及时发现问题并做出正确调整。此外，构建高等院校教学质量体系也要将人才培养的质量和效益有机结合起来，以学生、家长和企业的就业满意度作为参与，检验教学质量监控体系是否真实可靠。

第二，明确教学质量监控的目标和标准。在开展高等院校教学质量监控活动时，相关部门的管理人员都要对各自的职责有精确的定位和明确的目标。高等院校可以按照现有的教育相关制度和理念，结合自身的特点有针对性地制定出教学质量监控的总目标和各个分目标，并将各个目标落实到各个职能部门。高等院校要进一步明确各部门的工作职责和完善制度，以免引起不必要的资源浪费。此外，高等院校在开展教学质量监控活动时，必须要有清晰的标准，包括动态标准和静态标准。动态标准主要体现在活动开展的过程中，静态标准主要体现在活动的结果上。例如在对学生进行监控时，目标体系既要涵盖学生对教学的满意度，也要将教书育人的成效包括在内。标准除了要有稳定性之外，也要对其及时调整和完善。在完成一个监控周期后，要根据监控结果所体现出的问题及时地对监控标准作出调整。

第三，结合教学规则并创新。规则主要是指高等院校在教学质量监控体系的构建过程当中，要按照一定的规则对各项工作的流程和要求提出明确要求。要不断推进教学质量监控活动的开展，首先要在全体教职工人员和学生群体当中牢固树立起规则意识，要求其以规则作为行动引领，所开展的一系列相关工作都要以此规则为前提。创新是指高等院校要不断对自身的教学质量监控体系进行创新性的改进，在结合自身特点和借鉴其他高校的有效经验基础上，不断完善自身的监控体系。各个高校的监控体系会受到高校自身特点不同程度的影响。因此，高等院校在构建监控体系时，不能盲目照搬其他高校，要充分结合自身的办理理念和实际特点，以问题为导向，在遵守相关规则和发展规律的情况下，对监控体系不断地进行创新和完善。

（二）提高教学质量管理信息化水平

目前现代信息技术蓬勃发展，给各行各业都带来了实质性的影响。教学质量监控也要充分与现代信息技术有机结合起来，通过相关技术手段对信息进行科学的搜集和分析，不断提高监控成效。因此，高等院校在进行教学质量监控时，也要不断提高教学设施的信息化水平，结合学校特点努力构建人才培养的数据采集和管理平台。数据采集与管理平台是体现高等院校人才培养实效的重要标准，能够将高等院校的办学情况和人才培养效果直观、全面地展现在大众眼前，高等院校能够更全面地掌握每个学生的就业情况，为高等院校监控教学效果奠定坚实的基础。

促进高等院校的人才培养数据采集与管理平台的建设，充分体现人才培养数据信息对教学质量监控的积极促进作用，主要可以从以下两个方面进行：其一，高等院校要不断对人才培养信息系统进行调整和完善，及时更新相关数据，确保数据的准确性和时效性，教学主管部门系统的相关数据和校内平台的人才数据需要保持一致。因此，要努力组建一支高水平的信息人才队伍，为学校开发出人才培养数据系统，同时要结合自身的实际情况，不断完善系统功能，及时整理、补充、完善相关数据，构建起科学合理的质量预警体系，将影响人才质量的不利因素降到最少。其二，高等院校要不断优化和完善信息的搜集方式，制订科学有效的信息搜集制度，努力从数据源头采集第一手数据。构建人才数据库，从原有走过场的数据采集形式逐渐转变为主动采集并持续完善的方式，从容应对数据的缺陷和不足。此外，要结合实际情况制定出科学有效的数据处理制度，对搜集到的数据进行科学正确的分析和整理并不断改进，对各教学单位的人才培养效果作出科学客观的评价，形成"实时、动态、共享"的数据评价体系，不断促进教学质量监控体系的发展，切实提高教学质量。

（三）培养高质量的高等职业教育文化

在实际的教学实践中形成，学校所有成员普遍认同，科学稳定的群体意识、目标、标准和评价体系所形成的集合，称为高等职业教育质量文化。高等职业教育质量文化的发展已经逐渐成为高等院校教学质量监控体系的一个重要方向。高等职业教育的质量文化呈现出"金字塔"结构，从上到下主要是：精神文化、制度文化、行为文化和物质文化。

因此，要培养出高质量的高等职业教育文化需要重点从四个方面着手：首先，构建物质文化。高等院校的物质文化层面涵盖范围广，具有职业指向，主要分为校园设施文化和校园环境文化，体现出学校的办学理念和综合水平。校园的设施文化主要指学校的各类建筑、楼宇、装饰等，环境文化是指学校的生态环境、资源以及合格发展等方面文化。校园的设施文化和环境文化都对高等院校的教学质量监控和人才培养起着积极的影响。其次，打造行为文化。高等院校的行为文化主要指各类活动，包括教学活动、课外活动、社会活动等形式。行为文化体现着学校的文化氛围和人文风貌。再次，凝练制度文化。制度文化能够约束高等院校的管理，使其不断趋于标准和规范。高等院校的制度主要包括各类组织运行机制和管理体系，是文化建设的重要组成部分。最后，弘扬精神文化。精神文化作为文化建设的核心，具有一定的隐现性，主要是指各种形态观念和心理建设。对高等院校而言，精神文化的具体化形成了校风，精神文化的核心则是校训。因此，要不断传承和发扬学校的精神文化，先要明确学校文化建设的根本目标，找准关键，通过文化熏陶不断将人才培养的目标落到实处。

第四章 高校教育教学质量管理模式的实践研究

第一节 高校教育教学全面质量管理运行模式

全面质量管理作为一种顾客导向的质量管理方法，强调有效运用人力资源及运用计量方法，从不断的改进过程着眼，提升产品与服务品质。全面质量管理要求做到"三全一多样"，即全面的质量管理、全过程的质量管理、全员参加的质量管理以及质量管理所采用的方法是多种多样的。

传统的教学质量管理主要通过教学检查和教学评价来进行，侧重于管理"教学质量"，这种教学质量管理将教学质量简化为：教师教育和学生学习过程中反映出来的学生学习质量，并将其视为高校培养"人才质量"的重要模式。该模式是在过去那种知识中心、教师中心加"应试教育"的教育模式下发展起来的，它又反过来强化了现行教育的知识中心、教师中心和"应试教育"的倾向，它与大众化教育的要求是不相适应的。此外，结合全面质量管理理论，高校教学全面质量管理的具体特点可归纳如下：

第一，顾客导向。将学生、家长、社会和政府看作是学校的顾客，学校的教学和管理工作都是以满足学生、家长、社会和政府的需求为前提。顾客的需求多种多样，有的需求比较明确，是通过一些文件及标准规范等明确规定，有的需求则不够明确，是隐含于顾客内在的期望或难以描述的需要。

第二，过程管理。将一切工作和活动当成过程来对待是全面质量管理的基本观点。可以将一个典型教学系统分成许多过程，过程管理就是将对教学质量有所影响的各种资源、活动和工作都作为关联的过程进行管理，这样有利于及时发现并解决问题，也能够更好地实现期望的结果。

第三，持续改进。为适应时代与技术的发展、变换的外部环境以及顾客不断变化的需求，高校教学的各个方面都应以客观实际情况为基础不断改进，应在高校工作的各个层面都树立起持续改进的意识，并在意识的指导下付诸行动。

第四，全员参与。对教学质量产生影响最根本的因素是人，教学质量的提升必须以高校教职工（教师及学校各部门工作人员）和外部顾客（学生、家长、社会以及政府等）的积极参与为基础。

第五，领导和战略。实施全面质量管理需要高校高层的推动，要发挥出高层管理人员的战略核心作用，只有这样才能将全面质量管理的方案持续推行下去。高层管理者必须要带头转变观念，以顾客的需求为中心开展工作，采用新的领导方式，培育新的组织文化。高层管理者要为学校的发展制定符合实际的战略和质量方针，使学校能够可持续地获得质量提升能力。

在全面质量管理模式下，必须要做好人才模式设计、人才培养和人才使用反馈三项工作。人才模式设计指的是要以学生的基本特点为依据进行有针对性的管理；人才培养是教学全面质量管理的核心，指的是培养在校学生过程中的质量管理，主要包括学习质量、教学质量和服务质量；人才使用反馈可以分为使用和反馈，"人才的使用是对高校人才设计和培养阶段质量的最终检验，作为高校教学全面质量管理的阶段之一，对毕业生使用状况进行调查并及时反馈到人才目标和培养过程的再设计中去，是值得关注的重要环节"[①]。

第二节 高校教育中新型教学质量管理模式的构建策略

教学管理有狭义与广义之分。广义的教学管理是指教育行政机关对各级各类学校及其他教育机构教学的组织、管理和指导；狭义的教学管理主要是指学校内部的教学管理，即学校管理者为完成教学任务，提高教学质量，运用一定的原理和方法，通过一系列的管理行为，组织、协调、指挥和控制教学资源，以求实现教学目标的过程。以下将从狭义的教学管理角度来分析建立符合发展需要的新型教学质量管理模式。

高等学校的根本任务是培养人才，教学工作始终是学校的中心工作。教学质量是评价和衡量高等学校工作的重要依据。因此，各大高校都要建构适合本校特色的新型教学管理体系。

一、以市场需求为导向的新型教学管理思想观念

高校教学质量管理的过程实质是服务的过程，因此，对于高校教学质量管理而言，最重要的问题是如何为满足顾客的需求而提供更加优质的服务。学生和家长是高校的直接顾

[①] 吕政阳. 高校教学全面质量管理运行模式探索 [J]. 现代教育技术, 2010, 20 (9): 67.

客，社会、用人单位、政府是高校的间接顾客。所以，高校在教学质量管理工作中应当首先做到以学生为中心，并在此基础上充分考虑市场需求。在市场经济的大背景下，社会发展需要各种各样的人才，在不同的领域和不同的发展阶段，市场对人才的衡量标准也不同。因此，高校一定要在自我发展的基础上加强自身的调节能力，不断提升教学质量管理水平，使人才培养能够积极适应市场经济的不断发展，满足现代社会的多种需求。目前，有些高校的教学质量无法得到有效保证，教师的教学积极性不高，学生学习热情不足，毕业生就业难问题突出。只有坚持以学生为本抓教学质量管理，坚持以市场需求为导向培养人才，坚持将学校与市场结合起来，才能不断提高高校的教学质量，所培养出的学生才能在社会中立足。由此可见，应建立健全高校教学质量管理体系，该体系不能脱离以学生为中心的根本原则，要为培养创新型人才提供服务，要构建合理的评估机制，并将培养学生创新能力和积极贯彻素质教育纳入到机制当中，要通过准确给市场把脉与社会建立起良好的供需关系。学校要在招生上下功夫，以获得更好的生源；要做好人才市场的调查研究工作，针对市场需求培养合适的人才；要做好就业指导工作，加强与用人单位的联系，为毕业生创造更多的机会。

二、构建全面质量管理的高校教学管理模式

高校教学管理体系是一个功能十分复杂的系统，它的构成具有多层次、多要素的特点。高校教学全面质量管理共有四个子系统，分别为：教学决策系统、教学运行理系统、教学反馈系统和教学监控系统。四个子系统虽然在目标和功能上存在差异，但它们彼此之间具有紧密的联系，可以说是互相依存的关系。其中，教学决策系统是中枢，教学运行系统是基础，教学反馈系统是运行动力，教学监控系统是保障。

（一）教学决策系统

要保证教学决策指挥系统顺利有效的运行，就一定要在相关领导的带领下充分发挥相关职能部门的作用，加强教学管理队伍建设，不断提升管理水平。首先，要强化教务处的职能，使之能够在系统充分发挥出组织协调作用。教务处是学校教学管理的主要职能部门，在教学工作系统中举足轻重，学校应遵循权利一致原则给予教务处相应的权力。学校领导应充分听取教务处的意见，认真采纳教务处的建议，尊重教务处对教学工作的指挥和对经费物资的调配等。同时，教务处在相应的地位上要切实履行教学管理职能，加强良好教风、学风的培植，这些都是教学质量得以提升的重要保证。其次，要强化各院系的作用，院系是教学管理的第一线，是教学管理中的主体。在教学管理系统中，各院系是教学工作最直接的组织者和指挥者，也担负着协调的重要任务。院系的教学工作状态对教学的

整体秩序和质量有着直接的影响。因此，要充分尊重院系在教学管理工作中的主体地位，激发院系在教学工作方面的热情。最后，要不断加强教学管理队伍建设，提高队伍的管理能力和总体水平。教学管理队伍的综合素质是影响教学管理水平最主要的因素，这就要求高校在重视教师队伍建设的同时，也要重视管理队伍的建设，要为管理人员创造更多学习培训的机会以提升管理水平，制定科学合理的质量测评体系考核管理人员的业务能力，此外，还应定期开展活动交流教学管理内容，并与时俱进地进行教学管理改革，多方面切实提升教学管理水平。

（二）教学运行系统

教学运行系统作为保证全面质量管理工作有效运行的基本程序，也具有维持、推动、反馈、调控、保障以及促进工作系统发展等功能。教学运行系统最主要的任务就是，接收教学决策系统的指令，并按照指令的要求采用多种方法科学地将教学单位和管理机构组织起来，使各教学环节和教学活动能够协调开展。教学运行系统在工作中需要遵守以下四个原则：

第一，全员性原则。教学工作是学校所有工作的核心，教学质量的提升需要全体师生和员工一起努力。在教学工作中，领导是工作的关键，职能部门是核心，院系是基础，教师是保证，学生则是主体。只有领导决策正确，各部门发挥职能，每个人做好本职工作，才能使教学质量和管理水平得到提升。

第二，全面性原则。教学质量涉及方方面面，比如新生的质量、教师的教学水平高低、教学设备与设施的完备程度、教材的适宜程度，以及学校定位、科研管理和人才培养等。教学质量管理指的就是对包括上述因素在内的所有教学因素进行的质量管理。教学质量管理是细致而全面的，管理对象既包括学生从入学、培养到就业的整个过程，还包括教学过程中的所有因素和各个环节。

第三，全程性原则。教学管理重视过程性，强调将教学质量贯穿于招生、制订计划、实施计划、考试的各阶段和各环节。

第四，系统性原则。教学质量管理是一项系统性工程，既涉及教师与学生，又涉及教材与设备，还涉及学校的定位、目标和管理等。

（三）教学反馈系统

教学反馈系统主要通过教学评估体系来表现。教学评估体系指的是观察和测评教学系统的状态和输出结果，并将结果与预期进行一系列比较，从而对教学工作的优劣做出评价。教学评估对教学工作的效果和教学目标的实现有着直接影响，对于教学质量的保证与不断提升有着至关重要的作用。因此，教学评估体系与教学质量管理之间也存在着不可分割的联系。教学评估系统主要由五个子系统组成，分别为：专家评估分系统、学生评估分系统、教师自评分系统、院系自评系统和用人单位评估系统。专家评估分系统的主要任务是对院系的教学工作开展、专业和课程建设、课堂与实践教学等进行调查评价，评价结果可以作为教学管理决策的重要依据；学生评估分系统的主要任务是对学生的学习情况、教师的教学状况和学校的教学工作状况进行评价，并向教学管理部门反馈评价结果；教师自评分系统是对教师主体性发展进行的评估，它的主要目的是让教师能够客观看待自身在工作中的优缺点，发扬优点，改正缺点，调整工作方法，更好地实现教学目标；院系自评系统的主要任务是通过评价指标体系来检查教育教学工作的现状，有针对性地解决教学工作中存在的问题，有重点地对影响教学质量的重要因素进行监控，从而不断改进教学内容、完善教学方法、提高教学质量；用人单位评估系统最主要的工作是对毕业生进行综合评价，评价内容包括学生的综合素质、知识结构体系、工作能力和适应能力等，并且通过评价提出一些对学校专业建设和人才培养有帮助的建设性意见。

（四）教学质量监控系统

教学质量监控是指在教学活动中对影响教学质量的主要因素进行检查、监督、评价、反馈和控制，使其达到最佳状态。教学质量始终伴随着教学过程，只要有教学就会有教学质量问题。因此，对教学质量的监控也应贯穿始终。

教学质量监控的五大主要要素为人、教师、学生、管理人员、物（设施、设备、教材、图书资料、方法、教学与学习方法、测量课程、考试、考场、教学环境、校风、学风、教风和教学管理、机构、制度、手段）。针对这些要素，我们应按照"预防为主，过程控制"的理念和"紧抓两头，严控中间"的思路，重点加强教学输入过程监控、教学实施过程监控和教学输出过程监控三部分。在加强全程监控的基础上，我们应对教学质量影响比较大的几个教学环节作为监控面进行重点监控。这几个重点监控面是生源质量、师资质量、课程质量、课堂教学质量、实践教学质量、毕业设计质量以及教学计划工作、院系教学工作、专业教学工作、考试管理工作、学籍管理工作、教材建设工作。针对这些重点监控而制定一系列管理规章制度，保证教学运行的科学性、规范性和有效性。我们在教学质量监控的具体工作实践中应做好以下几方面的结合："全过程与重点监控相结合；全方位与主要素监控相结合；多渠道与主渠道监控相结合；多形式与主形式监控相结合；目标管理和过程管理相结合"[①]。

综上所述，要实现高等教育健康、稳定的可持续发展，应该提高教学管理水平，建立以学生为本，以市场为导向的全面质量管理的新型先进管理理念和模式，建立教学全面质

---

① 翁兴旺，张潜. 构建高校新型教学质量管理模式的策略分析 [J]. 教育与职业，2009 (35)：37.

量管理体系，深化教育教学改革，强化教育教学管理，有效提高高校人才培养的质量，使我国成为一个教育体制和结构更加合理、教育质量更高、办学效益更好的高等教育强国。但是这个过程是漫长的，需要灵活运用且长期坚持。

第三节 高校教育中开放式教学质量管理模式及其保障

下面以和谐文化的构建为视角，对高校开放式教学质量管理模式及保障进行探究。

所谓和谐文化，就是人类社会在历史发展中形成的以和谐为思想内核和价值取向，融思想观念、思想信仰、社会风尚、行为规范、制度体制于一体的一种文化形态。和谐文化是社会和谐的思想灵魂和精神实质，是和谐社会的重要特征，也是和谐社会所必需的凝聚力、向心力和感召力的文化源泉。和谐文化是一种尊重文化、对话文化，处处渗透着平等精神、尊重气息，时时高扬着人文品位和人性之美，这种文化的最大特征是生命平等的观念和尊重博爱的思想。建设和谐文化就是坚持以先进文化为指导，坚持继承传统、立足时代、面向未来、面向世界，建设与中华民族和谐传统相承接、与和谐社会要求相吻合、与时代精神相一致的文化。

一、和谐文化的构建促进开放式的教学质量管理

开放性是系统的基本特征之一，任何良性运行的系统都应具有开放性。高校作为一个系统，要确保自身的稳定和发展，就必须主动与社会发生多元和多样的联系，进行能动的交换，这也是建设和谐文化的前提。和谐文化的构建离不开高校开放式的教学质量管理，其原因如下：

（一）高等教育是一项事关全社会的系统工程

学校的教学质量本身就是在开放的环境下形成的。开放是高校教学质量管理的内在本质要求，教育管理的目的就是促进受教育者主体的发展，并且根据社会和受教育者不断提出的新需求来调整、变革原有的管理方式。因此，高校在新时期的管理理念必须更加人性化。建设和谐文化是社会发展的客观要求，也是落实科学发展观的要求。

随着构建和谐社会理念的提出，促进高校规模、结构、质量和效益的合理发展越来越成为摆在高等教育管理者面前的艰巨任务。高等教育各种要素之间、各种主体之间既有和谐的一面，同时又存在着突出的矛盾和问题。高校实施开放式的教学质量管理，符合教育事业全面协调发展的客观需要，也符合构建和谐文化的现实需要。

培养和谐的人需要一个和谐的环境，构建和谐的文化需要和谐的教育管理。高校是引导社会和谐的文化存在，作为文化组织，在加速人的社会化过程中，高校只有追求自身文化的和谐，才能培养和谐的人，并引领社会文化的和谐。只有学校文化体系中各个要素之间协调统一，学校文化的和谐才能从"现存"走向"现实"。因为，只有从教育价值层面、精神层面、行为层面和形象层面得到校长和教师的普遍认同，独特的校风、教风和学风才能形成，学校组织的氛围才能和谐、有序。

(二) 高校质量文化建设对和谐文化构建具有重要作用

所谓质量文化，是指高校在长期教学中自然形成的涉及质量空间的价值观念、思维方式、规章制度、道德规范、环境意识等"软件"的总和。高校质量文化作为一种文化形式，是和谐文化的重要组成部分，因而高校质量文化建设对和谐文化的构建具有一定的导向作用。高校的质量文化建设主要包括物质层、制度层和精神层三个层次。

第一，重视学校物质层质量文化建设。高校的物质层质量文化的营造，要符合其育人环境的特点，体现出其学术中心的地位，既要表现出庄重、严整的学术氛围，又要体现出青春的活力与雅静的美，还要体现出精益求精、追求完美的精神。

第二，重视学校制度层质量文化建设。即建立和健全质量管理行为规范和制度。具体来说，就是要通过建立和健全学校的各项工作制度、责任制度、管理制度和奖惩制度等，使学校的质量精神成为全体师生员工的共同追求，使维护学校的质量荣誉和形象成为学校每个人的自觉行为，使在质量上作出贡献的人得到奖励，造成损失的人受到惩罚。

第三，重视学校精神层质量文化建设。学校精神层质量文化建设要求学校形成自己独特的质量价值体系，包括办学理念、人才培养的质量方针、质量价值观、质量目标、学风、工作作风。通过精神层质量文化建设，使教职工明确人才质量的标准以及追求人才培养质量的意义，树立起"质量高于一切"的价值观，进而使学校的管理人员改进质量管理的作风和习惯，使整个学校遵循统一的质量管理方式和共同认可的质量管理方法，提倡质量改进中的集体协作和配合精神，鼓励员工提出建设质量防范措施和质量改进意见，使质量文化建设取得应有的实效。

加强和完善教学质量管理机制，积极探索切实可行的教学质量管理模式，既是高校教学管理研究的主攻方向，也是高校教学管理改革的难点之一。高校是文化科技桥头堡，是文化交流的桥梁和纽带，是文化思想的集散地和交换机。和谐社会的建立，归根结底是以和谐发展的人为主体的，所以，在我国构建和谐社会的历史新时期，培养和谐人才和引领先进的社会文化成为我国高校的社会责任，而高校开放式的教学质量管理是促进和谐文化健康发展必不可少的手段。

二、高校开放式的教学质量管理模式

和谐发展是当前和今后我国经济、社会发展的主旋律，高等教育的质量管理也必须用构建和谐社会的重大战略思想、指导实践。

（一）树立开放式教学质量管理理念

树立开放式的教学管理理念，要在教学管理活动中，始终贯彻以"平等、尊重、合作、发展"为基本内涵的人本思想，管理者在管理过程中要密切联系教师、学生以及社会，全心全意为师生服务，为师生办实事、办好事。这既是思想观念的问题，也是教学质量管理方法的问题。

（二）倾听开放式教学质量管理心声

1. 倾听教师的心声

在当前高校的教学管理活动中，教师是游离于教学质量管理之外的"旁观者"和"局外人"，是被"评价"（毋宁说是"批判"）的对象，这种管理模式必然导致教学管理者与被管理者之间的矛盾。遗憾的是，教学管理者已经习惯了这种管理定势，年复一年地重复着这样的管理模式，同时又无奈地慨叹教学质量管理工作的艰难。

与企业生产过程不同，教学活动是一种以培养人为主旨的复杂劳动。教师在教学活动中起着主导作用，即使在网络时代，教师仍然应该是学生学习的引导者和学习过程的管理者。教学过程不单是对学生进行知识传授、能力培养和人格塑造的过程，也是组织管理过程，教师理当成为教学质量的责任者和监控者。

正是基于教师是教学活动的主体、居于主导地位的教育理念，全程性教学质量管理模式重视调动教师的主动性。学校的教学管理部门不再是"监工"，而是教师的"后援"和"协助者"。学校教学管理部门实施的一切管理措施，包括学生对教师的课堂教学质量评价、教学督导、领导评价、同行评价等都服务于教师的教学质量提高，而不再作为教师提职、调薪、奖惩等的"档案"。

2. 倾听学生的心声

伴随着和谐理念在大学生中的渗透，高校的质量管理模式也应和谐化，即高校要不断对自身权力的运行范式作出新的调整，为学生提供更多的参与学校改革方案和发展前景设计的机会，实际上就是使高校朝着一种民主、公正、诚信、稳定、安定的和谐状态发展，形成和谐校园与和谐文化的有效互动，为高校在和谐文化的构建中发挥作用搭建平台，这也是高校积极的权威性的发挥。

(1) 教学方法的改革需要学生的参与。学生是教学质量管理的重要推动者，他们对存在问题的反馈，对解决目标的期待，对改革的参与和支持，都是教学质量管理中不可或缺的重要因素，这在教学方法改革上尤其明显。教学方法改革如果只是凭借教师的个人职业道德来推动教学改革，而缺乏学生的理解、关注和支持，那么不仅教师难以准确把握问题所在，而且教学改革也会难以实行。因此，应该大力发挥基层教研室教学研究和改革的功能，为学生搭建一个参与教学方法改革的平台。具体做法上，可以采取在上课前后，教研室组织教师和学生代表就近组织讨论等方式。虽然组织起来可能会有困难，但这些方式对个别课程教学质量的提高确有很重要的推动作用。

(2) 课程结构的优化需要学生的参与。课程结构是人才培养方案的核心，涉及一个专业开怎样的必修课、选修课，何时开，学分比例是多少。人才培养方案的设计是一项科学性很强的工作，总体设计大都由管理者和教师完成，学生尤其是大学低年级学生以现有的知识水平难以直接参与。但是，学生在接受一段时间的教育后，就可以根据日常的学习感受和遇到的问题，为课程设计提供反馈信息，或通过教学评价报告和专题调查结果来参与课程的调整。

大学高年级学生，特别是即将毕业的学生，基于几年的学习和求职体验，往往能够指出人才培养方案尤其是课程结构中存在的问题，并提出改进建议。这些建议不完全科学和可行，但可以作为重要参考。归纳起来，学生对课程结构优化的参与有三种情况：一是在学期中根据教学情况，就某一门课程的改进提出建议；二是在定期的人才培养方案修订中，以座谈会、问卷调查等方式参与；三是毕业生离校前以恳谈会的形式进行。

3. 倾听社会的心声

实施开放式的教学质量管理，将使学校突破有限的空间，与社会各领域交叉融合来培养学生。教育资源将是社会性的，现代信息技术可使社会形成一个发达的教育网络，家庭、社会和企业将越来越多地发挥教育功能。

社会主要是指学生未来的雇主、学校投资人、董事会等。由于高校之间的竞争日趋激烈，以及高校扩容和教育经费紧张，高校不得不想办法吸引生源和多渠道筹措教育资金，不得不对支持其办学的顾客的态度和意见予以重视，不得不根据消费者的价值标准来评价学校所做的一切。结合顾客的期望和满意度，学校总体目标就是不仅使学生成为高质量的个体，而且为所有的学生和员工创造一种激励人的学习环境和工作环境，使人产生归属感、荣誉感，同时向社会承诺不断改进质量，提供适应社会发展需要的优秀人才。

因此，学校的教学计划、教学设计、教学管理、学生服务都应该建立动态的反馈体系，不断关注内外环境的变化和顾客的需求变化，不断强化内部管理，改进课程设置，完善教学环境。"通过建立和谐的内外部关系,从教学内容到教学组织形式的开放,从教学资源到管理信息的开放,从学术交流到社会服务的开放等,实施全面的开放型教学质量管理与评价,从而促进教师和学校以高质量的服务和更积极有效的变革来满足学生的选择和实践对社会的责任与承诺,促进教学更贴近社会和市场的需要,不断提高人才培养质量"①。

三、高校教育中开放式教学质量管理保障的机制

在加强质量管理的基础上,还要加强高校质量管理的保障,以提高教育质量。只有这样,才能符合建设和谐文化的根本要求。

(一) 构建多元主体的保障机制

高校作为内部保障的主体,需要对自身的教育教学进行控制和自我评价,不断调适高校内部的自我发展、自我约束机制,使学校处于不断优化和完善的良性运行过程当中,使高校自身成为一个和谐的校园,以此引领先进的和谐文化,培养和谐人才。另外,当高等学校接受政府、社会的外部评价时,高校内部也要相应地进行自评。这时,高校既是外部评价的对象,也是自我评价的主体。

政府作为外部保障的重要主体,要设立鉴定机构对高校工作展开评价和监督,同时授权中介机构对高校的办学质量作出评价,定期向社会公布评价结果并报教育主管部门备案。随着社会对高等教育重要性的认识日益提高,外部保障的另一主体——社会对高等教育质量保障工作的参与日益明显,社会主要通过行业协会、民间团体、新闻媒体的评价等参与质量保障工作。

(二) 实行质量预防性控制的管理方式

高等教育教学质量的载体是活生生的人,而教育的影响具长效性和迟效性,高等教育的检验与控制又难以把握,所以,高等教育教学质量与工业企业的质量具有本质差别。一批不合格的工业产品可以销毁,而不合格的人才培养,不仅影响和阻碍社会和个人的发展,而且在严重的情况下会对社会构成难以预估的潜在威胁。因此,高等教育教学质量保障应该从以事后检验为主(教学评估)的管理方式过渡到评估与过程控制相结合的质量预防性控制的管理方式,使改进质量和消除隐患同时进行,确保人才培养和教育工作最大限度地减少失误,全方位保障教学质量的提高。

---

① 姚春梅,魏饴. 地方院校实施开放型教学质量:管理的途径与对策探析 [J]. 中国大学教学,2006 (9):48.

（三）建立健全激励机制与约束机制

教学过程管理最终要通过激励和奖惩措施来形成良好的效益。教学质量保证体系一方面要有全面系统的指标、规范的质量标准、完善的考核与管理机制；另一方面还必须建立与之配套的激励和奖惩机制。

建立健全激励机制，就是运用行政管理的办法，推动学校教育资源的合理配置和充分利用。为此，一要加强教学法规建设，严肃查处教学事故和违纪行为。二是建立院（系）级教学工作评价奖惩办法，通过对院（系）教学工作及其教学管理进行监控和评价，奖励先进，鞭策后进，调动教师教学的积极性。三要加强对教师的综合考核，并把考核结果与教师的职称晋升、工资晋级等挂钩，真正体现优者受奖，劣者受罚，同时还可以设立有关奖项来奖励优秀教师。四要进一步研究现已在许多高校实行的学分制、淘汰制、学位制等学籍管理办法，以充分调动学生学习的积极性。五要加强对高等学校管理人员的教育与管理，同时，制定一定的规章制度，明确其职能、责任权限，定期检查考核。

一流的教学需要一流的管理，有了一流的管理才有一流的教学，既要有稳定方向、阻止后退的约束力，又要有永恒向前的动力。将质量管理和有效的激励机制设计结合起来并融为一体，形成有效的约束机制和激励机制，是实施教学管理制度创新的重要方向之一。此外，管理就是要创造和保持一种环境，使置身于其中的人们能在集体中一道工作，以完成预定的使命和目标。深化教学改革，勇于管理创新，目的就是要调动广大师生的工作、学习积极性，不断提高教学质量。

（四）建设和谐的教学管理队伍

教学管理队伍是教学管理工作的主体，是教学管理工作的执行者。教学管理队伍的整体结构和素质水平，直接影响教学质量，从而影响人才培养质量，是实现科学化、现代化管理的关键。要构建和谐文化，建设和谐校园，需要建立和谐的教学管理队伍，这样才能保证学校教学秩序的正常运转和教学质量的提高。

第一，和谐的教学管理队伍必须具有较高的素质。教学管理者在维护正常教学秩序、构建和谐校园的过程中发挥着重要作用，因此必须具有较高的素质，包括较高的政治素质、文化素质等。教学管理者必须与时俱进，不断学习各种新的知识，研究教学管理过程中出现的新情况，加强自身修养，健全人格，主动依靠和利用现有的科学方法、现代化科学手段，提高教学管理的效能和水平。

第二，和谐的教学质量管理队伍必须要有较强的服务意识。每名教学管理者都要牢固树立管理即服务的理念，寓服务于教学质量管理中。管理者要多一些人文关怀，给予师生热情的鼓励、积极的支持和真诚的帮助，使师生迸发出自我发展的更大能量，这样才能使师生实现可持续发展的个性发展,也只有这样,才能得到广大师生的认可和尊重,形成和谐的人际关系,从而为构建和谐的校园文化作出贡献。

参考文献

[1] 李洋，余克勤，季景玉，等．中国高等教育管理机制创新：以"双一流"建设方案为视角［J］．江苏高教，2018（12）：63-66．

[2] 侯文军．论大学生教育管理方式的转变［J］．江苏高教，2019（9）：107-110．

[3] 韩影．创新教师管理制度推进高等教育内涵式发展［J］．现代教育管理，2018（7）：68-72．

[4] 王继元．内涵建设背景下高校学生教育管理创新的路径选择［J］．现代教育管理，2012（10）：115-118．

[5] 李彬，王斌．互联网+时代高校学生管理模式的转变及创新研究——评《高校学生管理创新模式研究》［J］．林产工业，2019，56（10）：71．

[6] 华炜．高校教育管理创新举措探讨［J］．江苏高教，2017（6）：34-36．

[7] 胥海军．对地方高校学生教育管理工作创新的思考［J］．学校党建与思想教育（普教版），2015（9）：65-66．

[8] 卢静．高校教育管理创新策略研究［J］．中国成人教育，2016（22）：50-51．

[9] 郭丹．高校教育管理信息资源整合的研究［D］．大庆：东北石油大学，2012：13-25．

[10] 王琪．高校人力资源管理与行政改革研究［M］．北京：北京工业大学出版社，2018：125．

[11] 刘奎汝．解析大数据时代高校行政管理信息化建设［J］．中外企业家，2020（18）：40．

[12] 李燕．新时期高校教师能力培养与专业化发展探究［M］．成都：四川大学出版社，2018：99．

[13] 苏静．高校管理队伍专业化建设研究［J］．科技经济导刊，2018，26（10）：119．

[14] 汪国翔，罗赓．信息时代高等教育管理创新——评《信息时代教育传播研究：理论与实践》［J］．中国科技论文，2019，14（8）：11．

[15] 任京民，刘兆宇．试论自主学习的高校教学模式［J］．教育与职业，2006

(17): 135.

[16] 李超玲. 高校参与式课堂教学模式有效性探讨 [J]. 贺州学院学报, 2012, 28 (2): 78.

[17] 刘畅. "以人为本"的高校教育教学管理模式的构建 [J]. 黑龙江教育学院学报, 2015, 34 (12): 12.

[18] 崔军. 高校研究型教学模式及其教学活动探析 [J]. 高等理科教育, 2008 (1): 103.

[19] 王仙桃. 浅谈现代高校教育教学管理模式的优化 [J]. 才智, 2009 (19): 171.

[20] 董漫雪. 关于强化高校教学质量管理的几点思考 [J]. 丽水师范专科学校学报, 2001 (1): 37.

[21] 吕政阳. 高校教学全面质量管理运行模式探索 [J]. 现代教育技术, 2010, 20 (9): 67.

[22] 翁兴旺, 张潜. 构建高校新型教学质量管理模式的策略分析 [J]. 教育与职业, 2009 (35): 37.

[23] 王凤武, 吕红光. 高校教学质量二级管理模式的建立与实施 [J]. 航海教育研究, 2014, 31 (4): 26.

[24] 姚春梅, 魏饴. 地方院校实施开放型教学质量: 管理的途径与对策探析 [J]. 中国大学教学, 2006 (9): 48.

[25] 胡凌霞. 高校教育管理理念与思维创新 [M]. 长春: 吉林大学出版社, 2020.

[26] 陈宇航, 程瑞. 我国高等教育管理方式转变问题研究 [J]. 现代教育管理, 2015 (11): 19-22.

[27] 王统娟. 高校教育管理中行政管理人员专业化建设策略研究 [J]. 记者观察, 2018 (32): 142.

[28] 康凯. 高校教育管理的"社会化"路径及对策 [J]. 南京社会科学, 2014 (12): 136-140.

[29] 姚海鹰. 高等教育管理制度创新 [J]. 大学教育科学, 2005 (1): 35-38.

[30] 文忠波, 钟玉泉. 高校教育管理流程再造与优化对策 [J]. 科技进步与对策, 2009, 26 (16): 153-156.

[31] 孙劲松. 新形势下高校教育管理的特点与创新策略 [J]. 河北能源职业技术学院学报, 2007 (1): 16-19.

[32] 朱京津. 高等教育评价体系构建——评《高等教育管理与质量评价研究》[J]. 高教发展与评估, 2019 (2): 2.

［33］吴远，缪志红.论高等教育管理创新［J］.湖北民族学院学报（哲学社会科学版），2002，20（5）：62-66.

［34］陈泽龙.高等教育宏观管理体制创新与创新型人才培养［J］.中国成人教育，2008（16）：35-36.